VIAGGIO NELLA COMMEDIA DELL'ARTE
NASCITA E RINASCITE

MARCO ROTA

VIAGGIO NELLA COMMEDIA DELL'ARTE NASCITA E RINASCITE

A mia madre e mio padre per il passato

A mia moglie e mio figlio per il futuro

INDICE

Prefazione

Non rimpiangeremo mai abbastanza il tempo in cui il teatro era sgrammaticato, periferico e avventuroso, cialtrone e malandrino. Per due secoli e forse qualcosa di più, grosso modo dalla metà del Cinquecento alla fine del Settecento, sulla scena poteva accadere di tutto, purché accadesse per finta. Ed ogni sera sotto un cielo posticcio di "tempesta e piogge e rumore grande" era un gran brulicare di servette, cortigiani, maghi e innamorati, Capitan Spaventa, Capitano Rinoceronte, grassi dottori e scaltri ciarlatani. Tutto meravigliosamente, selvaticamente eccessivo nella Commedia dell'Arte, un ottovolante di emozioni rigorosamente alla portata di tutte le tasche (nazional popolare, diremmo oggi), le burle e le barbe ("a posticcio", "da spagnolo", "da Pantalone"), le botte e le armi ("insanguinate assai"), gli inganni e i travestimenti ("da galeotto", "da facchino", "da turco").

La "Commedia all'improvviso" non si basava su testi, come la "Commedia scritta", ma sul trionfo dell'ingegno, invenzioni, giochi, lazzi, trucchi continui che brigate di mestieranti perfezionavano sera dopo sera cavandole dal baule della memoria nel massimo rispetto di regole ferree di esecuzione: una macchina a orologeria, ma libera come un camaleonte per adattarsi alle esigenze di un pubblico sempre diverso, generalmente ben disposto, ma esigentissimo.

Di questo mondo ormai diventato archeologia un protagonista assoluto è stato lo Zani, servitore a Venezia, figura chiave per capire la cultura italiana e dentro la cultura italiana l'identità bergamasca. E grande è il merito di Marco Rota, che dopo averlo fatto vivere per tanti anni sulla scena adesso ce lo restituisce sulla pagina scritta. Per fare memoria. Per fare giustizia di tanti, troppi stereotipi. Non è per caso, infatti, che nel tempo in cui Venezia era la New York dei giorni nostri e dava lavoro a ogni sorta di immigrati di tutte le origini (slavi, turchi, africani) proprio e solo lo Zani diventa il prototipo del Servitore... Sgobbone, fidato, di intelligenza fiera ma non esibita, rivela molto di un'identità in cui i bergamaschi ancora si riconoscono, e li distingue.

Marco Rota ci propone un viaggio affascinante alla ricerca di un tempo perduto per noncuranza e superficialità. Peccato perché avrebbe ancora molto da dire al nostro modo di stare dentro i giorni che ci è dato di vivere. Non di solo Arlecchino (servitore, ma di due padroni) vive l'identità bergamasca, e mai come in questo momento c'è bisogno di ritrovare radici profonde e solide per avere diritto di cittadinanza attiva nel villaggio globale. Le Compagnie dell'Arte della Commedia nascevano su basi ed esigenze professionali e di mercato, sul modello di quelle dei Calzaioli, dei Lanieri, dei Facchini. La parola arte non aveva la puzza sotto il naso e considerava l'ingegno una qualità da condividere, più che un privilegio da difendere. Anche su questo, Marco Rota, ci invita a riflettere.

Marco Dell'Oro

Percorsi

È un argomento per il quale vale ancora la pena di scrivere un libro? O rappresenta un'operazione nostalgica volta a soddisfare chi, narcisisticamente, si ostina a voler parlare di un mondo che non esiste più e che nulla più sa dire ai contemporanei, forse neanche ai teatranti stessi?

Io stesso ne sorrido mentre lo scrivo, come sorridessi di qualcosa di amichevolmente buffo che cerca di trovare un posto per mostrarsi, ma che viene cortesemente invitato a stare un po' più in là, perché ci sono cose molto più importanti nella nostra vita degne di essere ricordate e praticate.

Commedia dell'Arte?

Intervistati di strada – questo sì che è moderno – disorientati balbettano: "Arlecchino... Pierrot... Pulcinella... Goldoni; ma anche... boh!". Ridere? "Troisi". "Una marca di biscotti?".

E incalzati dall'intervistatore: "L'avete mai vista in tv?". "Mai... non so... su che rete? Forse Fo?".

Il mio sorriso benevolo a questo punto si tramuta in un sorriso sotto i baffi... lasciamo perdere.

Va bene, questo libro lo scriverò per il piacere di scriverlo e per qualcuno che avrà il piacere di leggerlo.

Giusto per cominciare dal difficile, ma nel prosieguo diventerà più godibile, cominciamo dall'etimologia e dalle suggestioni che essa mi ispira: scrivo le parole Commedia dell'Arte, le contemplo in silenzio sul foglio bianco e me le faccio scivolare dentro: Commedia... dell'Arte. Ma che vuol dire? Commedia... dell'Arte...

Se non vi piace contemplare, saltate pure la dissertazione che segue sull'etimologia del termine; potrebbe essere superflua.

In fondo la Commedia dell'Arte vi da anche questa possibilità: non c'è niente da capire, vi deve solo piacere. Come con la poesia, il piacere è qualcosa di strettamente personale: o è tuo o non serve a niente. Ah, quante verità contemplando le parole... che percorsi... che viaggio!

Io e te, cara/o lettrice/lettore sconosciuta/o, siamo seduti uno di fronte all'altro a lato di un finestrino e guardiamo il paesaggio come fosse un film con i sottotitoli: Commedia dell'Arte. Tu mi mostri un minimo di interesse e io te ne parlo come se ci conoscessimo da sempre. Peccato che tu non mi possa rispondere... per il momento.

Cominciamo dall'etimologia del termine.

Commedia dell'Arte: *Cum Media Ars*. *Cum*: insieme, *Medium*: nel mezzo, *Ars*: arte. *L'Arte di coloro che, insieme, stanno nel mezzo*. Ma nel mezzo a cosa? Ecco la prima suggestione, caro lettore incuriosito.

Se la tragedia si muove nel profondo della coscienza con i suoi dilemmi esistenziali, se il dramma religioso vuole portare verso l'alto e verso Dio, la Commedia si colloca nel mezzo perché parla degli uomini: dice e svolge azioni che parlano ad altri uomini dei loro problemi quotidiani, delle loro aspirazioni, della ricchezza, della povertà, della fame, dei loro amori, delle sopraffazioni; insomma, dei loro problemi reali di vita.

Seconda suggestione: e se – nel mezzo – riguardasse la funzione propria dell'attore? Anch'egli è nel mezzo fra il suo essere una persona normale e la funzione di pubblico parlatore.

È contemporaneamente una persona come tutti noi ma, nel momento in cui parla e agisce, è anche qualcosa d'altro; è lui ma non è lui: è nel mezzo, insieme a lui, insieme a voi.

Ars è l'attività umana per eccellenza: la concentrazione teorica e pratica di un sapere in un settore particolare, nel nostro caso teatrale, e cioè l'arte di saper fare la commedia. *Ars* è un serbatoio per un agire stando nel mezzo insieme.

La posizione propria dell'attore della Commedia dell'Arte è di stare nel mezzo: trovare un punto dal quale avere il controllo di tutto quello che gli sta intorno ma anche di quello che gli sta dentro; deve cercare quel punto di osservazione equidistante da tutti i livelli, nella posizione ideale per essere capito da tutti. Ma se l'attore sta nel mezzo, il fatto di farlo insieme fa diventare l'azione collettiva. Contemporaneamente gli avvenimenti che si susseguono e si alternano nello spazio teatrale hanno bisogno di regole, dell'arte di saper fare la commedia, di organizzarla per realizzare un prodotto che si "materializzi" davanti a un pubblico. Come una qualsiasi altra attività economica quattrocentesca quale quella dei Calzaioli, dei Lanieri, dei Facchini, degli Ortolani, dei Fabbri etc. dovette darsi una struttura che si concretizzò nel termine "Compagnia". Anche qui l'etimologia ci viene in soccorso: com-pagnia, *cum-pane*, cioè mangiare lo stesso pane; in senso lato condividere i guadagni del comune lavoro.

I tempi erano maturi affinché nascessero le Compagnie dell'arte della Commedia che si chiameranno più semplicemente, dal Cinquecento in poi, Commedia dell'Arte. La prima Compagnia della quale si ha conoscenza per quello che riguarda la volontà di darsi regole di rappresentazione e regolamentazione dell'organizzazione interna è del 25 febbraio 1545: il primo atto ufficiale registrato presso un Notaio ne sancisce la nascita, la creatura che viene alla luce e viene registrata all'anagrafe.

Dal mio punto di vista sono più affascinato dall'idea di ricercare ancora più indietro, prima del primo vagito: cosa ci fu prima della cerimonia ufficiale? Quali sono stati gli spermatozoi e gli ovuli che hanno potuto *cum*-prendersi per poi emettere il primo vagito? In quale tempi e spazi si può situare la non ufficiale nascita della Commedia dell'Arte? Forse furono proprio le esigenze dell'economia delle relazioni sociali, in cerca della loro affermazione e realizzazione, a creare quei ruoli che sono alla base della Commedia dell'Arte.

Servitore e mercante

Caro lettore, sei davanti al finestrino con me e ascolti l'esordio di questo libro: vediamo lo stesso paesaggio? Improbabile: il viaggio è appena cominciato, nella scrittura ti parlo. E dirti esattamente come e perché è nata la Commedia dell'Arte è argomento del quale gli studiosi hanno già ampiamente scritto.

Quello che ti dico e vedo io è che là fuori c'è la terra e più in alto un castello. Il castello domina sulla terra, la controlla. Il contadino la coltiva e fa produrre i frutti. Chi osserva controlla: ne fa raccogliere e consegnare i frutti per poi scambiarli con altri beni. Chi controlla non produce niente, ma ha il potere di fare scambiare i frutti prodotti con altre persone che, nei mercati, pagano per averli. Il loro contrastato rapporto sta alla base del sistema economico, ma siccome l'economia è fatta dalle persone per le persone, l'esperienza quotidiana della popolazione ne viene contaminata e così la loro cultura. Sono nati così i personaggi teatrali del Mercante e del Servitore da mettere in scena?

Probabilmente sì. Il contrasto reale per la sopravvivenza, sia per il servitore che per il mercante, non trovava spazio né nel teatro religioso né in quello tragico; lo troverà nella Commedia che, come ti ho già detto, se non ti sei distratto guardando il paesaggio dal finestrino, entra nel vivo dei problemi quotidiani della gente. L'arte della commedia ne fa invece il punto centrale di ogni intreccio: da una parte lo Zani bergamasco servitore e dall'altro il Magnifico veneziano mercante.

Zani bergamasco è il prototipo del servitore, il Magnifico quello del Mercante. Non lasciarti ingannare dai nomi con i quali saranno conosciuti quando la Commedia dell'Arte diventerà più strutturata, rispettivamente Arlecchino e Pantalone, che ne saranno gli eredi di ruolo. Il contrasto che lega e divide questi personaggi - dialetti compresi - è sempre lo stesso: *servus versus dominus*, il servo contro il padrone. Zani bergamasco: dialetto bergamasco, un immigrato venuto dai confini del dominio veneziano già nel Quattrocento, rappresenta tutti i servitori; il Magnifico: dialetto veneziano, rappresenta tutti i mercanti che scambiano merci e accumulano denaro. Ognuno con le proprie ragioni e culture.

Mentre è abbastanza ovvio che il Magnifico rappresenti tutti i mercanti, essendo Venezia in quel periodo il centro mercantile del mondo, lo stesso non si può dire per il Servitore, dato che a Venezia erano presenti numerose minoranze: slavi, turchi, africani e anche immigrati da altre regioni d'Italia. Per quale motivo, nel tardo Quattrocento, proprio lo Zani bergamasco e nessuna altra minoranza, che io sappia, diventa il prototipo del Servitore?

Qui la domanda, caro lettore, intriga anche me. Anche per questa questione non ho una risposta da storico, ma posso azzardare delle ipotesi come autore, cioè come una persona che si pone domande e si dà risposte da sé, senza uniformarsi a ideologie o religioni. E partiamo dall'oggi.

Ai nostri tempi spesso, nelle parodie, il Bergamasco, in senso canzonatorio viene identificato con il muratore; è uno stereotipo superficialmente condiviso dal senso comune. Se però leggi sotto la parodia, noterai che anche l'attore – l'autore

– che lo propone non tratta il Bergamasco con cattiveria e in senso totalmente negativo. È un po' come se dicesse: "Ne parlo male perché il mio obiettivo è quello di far ridere, ma sotto sotto io, quelle qualità che davanti al pubblico disprezzo, vorrei averle…". Quell'attaccamento al proprio lavoro, quella fiducia che le persone ripongono nel muratore bergamasco che gli tira su la casa come-si-deve, quella parlata grassa ma ilare che anche-se-non-capisci, ti contagia con la sua concretezza. In fondo io, attore che per avere successo e denaro gioco sulla superficialità stereotipata del mio pubblico, quelle qualità che potrebbero dare un "valore" aggiunto alla mia vita le vorrei possedere.

Per tornare a noi: caro lettore al finestrino, che cominci a intravvedere nel paesaggio le Maschere fondanti della Commedia dell'Arte, a me sembra non casuale che per il ruolo rappresentativo di tutti i servitori, gente di fiducia che rende servizio alla collettività, la scelta sia caduta - e cada - proprio sul Bergamasco. Perché già dal Quattrocento queste caratteristiche del Bergamasco, la sua capacità del saper fare, emergevano; sarà un caso che gli Zani e i Tasso provengano da un territorio che questi valori li praticava? Se Dio si divertisse a giocare con i dadi la risposta sarebbe "un caso"; ma se Dio non gioca a dadi possiamo affermare che non lo è.

Sull'accoppiata Zani bergamasco e Famiglia Tasso ci sarebbe tanto da indagare: l'autore propone solo suggestioni e intuizioni!

Agli studiosi un invito a ricercare e approfondire.

Zani bergamasco

Dunque: lo Zani bergamasco e il Magnifico veneziano stanno alla base della Commedia dell'Arte. In particolar modo questo libro parla e parlerà dello Zani bergamasco perché l'autore, come immodestamente mi definisco, è più interessato al Servitore che al Mercante, ma auspico che altri autori siano interessati a dare il loro contributo sul Mercante o sugli altri personaggi e Maschere apparsi nella storia della Commedia dell'Arte, dei quali qualcuno espressione del Territorio, altri funzionali allo svolgimento dell'azione scenica.

Ma questo Zani bergamasco, oltre al contrasto servo/padrone, a quali risorse avrà fatto ricorso per avere successo anche come "artigiano della recitazione"? Tra l'altro non c'è nessuna traccia che sia un'arte già presente sul territorio di Bergamo ed esportata a Venezia; si direbbe che è stata una qualità interna del Bergamasco, che non si è potuta manifestare a Bergamo, a essere invece molto apprezzata a Venezia. Il nome Zani o Zanni – sempre derivazione da Giovanni – diventa sinonimo di Servitore in generale. Forse facendo raddoppiare la "enne" il personaggio diventa un po' meno duro e terroso; ma io preferisco Zani, come da dialetto bergamasco. Niente fronzoli.

Dicevamo: una qualità, un valore che lo Zani si porta con sé a Venezia come un patrimonio e che proprio lì trova il modo di farsi apprezzare. Presumo che la sua affidabilità e l'impegno lavorativo nello svolgere incarichi di fiducia, essendo a tutt'oggi riconosciuti, fossero già presenti anche allora; ma la sua capacità di recitare in commedia da dove può avere avuto origine?

Bella domanda che mi poni, caro lettore-che-guardi-dal-finestrino seguendo la mia narrazione. Hai avuto qualche suggestione anche tu guardando questa distesa di campi dormienti con coperta di neve e nebbiolina brumosa che ti fa venire voglia di stare in un luogo riparato e caldo, oggi con i termosifoni, allora con la fiamma del camino o nella stalla?

"Olmi..."esclami, assorto, contemplando il paesaggio...

"Giusto! Olmi" che, nel suo *L'albero degli zoccoli* ha fatto un ritratto della vita contadina invernale trasfigurando, da autore, una scena di narrazione di stalla alla quale, io penso, abbia assistito da bambino. In questa scena molto poetica un adulto "narra" ai bambini in un modo particolare, mescolando elementi reali e fantastici. Concordo: un grande. Inserirò sicuramente la tua suggestione, caro lettore, nel mio libro e replico: "Che Olmi sia bergamasco ti dice niente?".

Forse gli Zani bergamaschi, già alla fine del Quattrocento, avevano già quella capacità narrativa alla quale attingere quando il club degli Eruditi della tragedia – dilettanti di narrazione: cosa ne sapevano loro di lavori nei campi e riposo invernale? – chiese loro di recitare intermezzi per divertire e allietare gli sfiancati spettatori di queste rappresentazioni – ma forse anche per divertire, *wow wow*, loro stessi! –. Eh sì: ci sono differenze abissali fra essere "dicitori" di tragedia, la cui ultima preoccupazione è di coinvolgere l'attenzione del pubblico, e la narrazione, nella quale bisogna costantemente guardare il pubblico e la sua reazione a quello che si evoca. Bisognava inventare una nuova modalità recitativa per ottenere una costante attenzione del pubblico; più che dal testo letterario bisognava saper dare importanza al modo di comunicare con il pubblico. La modalità introdotta dal primo nucleo della Commedia dell'Arte, Zani bergamasco e Magnifico veneziano, fu l'improvvisazione teatrale.

In conclusione: se sommiamo la capacità di narrare con l'affidabilità di portare a termine incarichi di fiducia sembrerà meno casuale la scelta di affidare proprio a questi narratori bergamaschi l'incarico di allietare e divertire. Mettendo insieme capacità narrative, argomenti di vita quotidiana, il contrasto fra servo e padrone e l'affidabilità per incarichi di fiducia ci sembra che non sia stato affatto un caso che l'"Oscar del Servitore" sia stato consegnato allo Zani bergamasco.

L'improvvisazione teatrale

Caro lettore, il treno si è fermato e mi interroghi sul termine improvvisazione. Ci sono vocaboli che dicono tutto e niente: improvvisare è uno di questi.

Il termine "improvvisato" ha un'accezione negativa; come verbo, se coniugato al presente in prima persona, "io improvviso", ti fa chiedere: beh, e adesso cosa faccio? Il primo effetto è quello di provocarci un blocco fisico e mentale, ma è proprio grazie a questo blocco che abbiamo a disposizione quel momento magico che ci permette di prendere decisioni personali su come proseguire.

Approfitto della sosta del treno per farti fare, necessariamente, un passo indietro di cinquecento anni, in Italia, quando i modelli recitativi classici, religiosi – le Sacre scritture – e laici – prevalentemente tragedie – prevedevano testi scritti da rappresentare. L'attore era un tramite per illustrare temi religiosi o laici le cui parole dovevano essere, essendo scritte per essere educative, bene intese dagli spettatori. Il ruolo dell'attore era simile alla funzione di un microfono: amplificare a una folla le "buone parole" scritte e pensate per singole coscienze. Come è evidente, il microfono non possiede grandi potenzialità espressive, essendo piuttosto statico, e proprio per la sua precisa funzione molto apprezzato. L'attore era semplicemente un po' come un'asta rigida che utilizzava la bocca per amplificare il pensiero scritto dell'autore, religioso o laico che fosse. Utilizzo del corpo dell'attore: zero, tranne la bocca; utilizzo del corpo per lo spettatore: zero, tranne le orecchie.

Per il tipo di teatro basato sulla narrazione questo schema non poteva andare bene; bisognava trovare un tipo di recitazione che tenesse viva l'attenzione dello spettatore. Ma come poter attirare l'attenzione dello spettatore, allora come ora? Facciamo un altro salto, stavolta a lato, tanto il treno è fermo e non si corre il rischio di farsi male... Parliamo di neuroscienze: i neuroni specchio.

L'interesse dello spettatore doveva essere attratto dai movimenti del corpo dell'attore in modo che lo spettatore stesso potesse riconoscerli come suoi; i movimenti del corpo dell'attore e le relative azioni, essendo percepiti come se fossero propri, avrebbero di conseguenza provocato la massima attenzione corporea e intellettiva. L'attore doveva parlare con tutto il corpo e lo spettatore ascoltare con tutto il corpo e percepire il corpo dell'attore come se fosse il suo. Il testo doveva essere flessibile e integrato dai gesti dell'attore, come se il detto e l'agito avvenissero proprio in quel momento. L'attore inseriva micro variazioni a seconda del grado di attenzione degli spettatori. Lo stesso corpo, gli stessi gesti dell'attore e il grado di attenzione degli spettatori diventano, per lo spettacolo, altrettanto importanti quanto il testo.

Eccezionale interprete di questo modello creativo è stato Dario Fo, giustamente premiato, anche se contestato, con il premio Nobel per la letteratura.

Non avendo a disposizione, in quel tempo, la teoria dei neuroni specchio, i primi attori del Cinquecento cominciarono a prestare attenzione e a catalogare ciò che attraeva l'attenzione del pubblico; granello dopo granello, accumulando saperi di atteggiamenti corporei e di giochi di parole, si impratichivano delle modalità di attenzione espresse dagli spettatori. La classificazione e catalogazione scritta di ciò portò alla stesura di "Repertori" ai quali attingere e da poter usare durante le rappresentazioni. Questo per sottolineare, e ce n'è sempre bisogno contro il dilagare degli attori "improvvisati", che l'improvvisazione effettuata dall'attore di Commedia dell'Arte è preceduta da un duro e continuo studio, da allenamenti e da buone pratiche. Più l'attore si sa esercitare nella simulazione, migliori saranno gli effetti sul pubblico.

Tornando ai nostri Zani bergamaschi, essi si trovarono ad affrontare nel Cinquecento questa situazione: i modelli recitativi legati alla Religione o ai contenuti laici non potevano, per la loro inefficace funzionalità, essere in grado di attirare l'attenzione del pubblico. Qualche spunto poteva venire dalle modalità recitative giullaresche. Ma allora quali potevano essere i modelli di riferimento?

I nostri Zani bergamaschi, come ipotizzato nel precedente capitolo, un modello sperimentato in prima persona nella pausa del lungo inverno ce l'avevano: la narrazione di stalla, dove era di fondamentale importanza la capacità di coinvolgere gli ascoltatori e di tenerli avvinghiati alla storia narrata.

Gli Zani, scelti per la fiducia acquisita di servitori fedeli e per la capacità di essere pratici, ebbero modo di sperimentare, allestendo gli intermezzi comici loro richiesti, il loro modello e di adattarlo alle esigenze di un nuovo pubblico. L'attenzione riscontrata dalla loro sperimentazione validò il metodo della "Recitazione all'improvviso". Questa modalità di rappresentazione, per e con il pubblico, decretò la fortuna e il successo della Commedia dell'Arte. Nacque non solo l'attore moderno con il proprio bagaglio di artigianale professionalità, ma anche il pubblico moderno in grado di influenzare, con la sua partecipazione "a specchio" durante la rappresentazione, l'andamento dello spettacolo.

Ora, caro lettore che non vedi l'ora di riprendere il viaggio, mi ricordi di averti parlato, all'inizio del viaggio, "dello stare nel mezzo", e che ti sembra logico che all'etimologia del termine Commedia dell'Arte si affianchi e la integri il concetto di improvvisazione. Non a caso, prima di chiamarsi Commedia dell'Arte, si chiamava "Commedia all'Improvviso".

Nell'improvvisazione si è contemporaneamente attori e spettatori. L'attore "nel mezzo" va e viene da uno stato all'altro; "nel mezzo" fa e guarda il pubblico per capire quanto sia attento e, per non farci mancare niente, "nel mezzo" monitora con il cervello il "repertorio" per essere pronto a cogliere e a rispondere alle indicazioni dei propri compagni e del pubblico. Insomma: per essere sempre sul pezzo bisogna stare, come attori di Commedia dell'Arte, ma direi più in generale come attori, nello "stato di mezzo".

Una postilla, caro lettore.

Nel crepuscolo il treno si è rimesso in moto e si va incontro al chiaroscuro della sera. Questo è un momento previlegiato per capire lo stato d'animo dell'attore che improvvisa. Mi chiedi perché? Te lo spiego: guarda fuori. Cosa vedi? Dopo un primo momento di blocco, a seconda di quello che decidi di vedere, puoi vedere il paesaggio fuori o te stesso che, riflesso, guardi fuori. Tu stai nel mezzo e scegli la tua visione della vita; ma non dimenticarti, come l'attore che improvvisa sa bene, che il treno, e tu con lui, va avanti, e che una meta reale andrà prima o poi raggiunta.

Già: la realtà. Ma dove sta la realtà? Mi sento limitato a darti una risposta, perché entriamo nell'ambito della speculazione filosofica. Ti lancio solo un *post*: fai attenzione a non avvicinarti troppo: con il tuo alito caldo appanneresti il finestrino e di conseguenza, se prima eri euforico perché potevi scegliere di guardare fuori di te o il riflesso dentro di te, con la tua scelta di avvicinarti troppo per capire meglio potresti oscurare ogni visione con la condensa generata dal tuo respiro e perdere ogni possibilità di scelta. Pensavi di avere tutto e "improvvisamente", come in uno spietato contrappasso poetico, non sei più nulla.

Comicità e poesia

Sei sobbalzato, caro lettore, all'affermazione contenuta nel titolo di questo breve ma intenso capitolo: comicità e poesia? È troppo, mi dici: "Finora ti ho seguito sulle modalità della recitazione dell'attore della Commedia dell'Arte, ma adesso è troppo: comicità e poesia?!". Colgo la tua perplessità, ma procediamo con calma e speriamo che il treno non giunga prima alla sua destinazione.

Cominciamo dalla comicità e cerchiamo di rispondere a due domande: perché si ride e perché il dialetto e i gesti degli Zani bergamaschi facevano ridere? Naturalmente non ti sto a fare tutta la storia e la teoria del riso, scomodando Freud o Minois.

Se proprio ti interessa puoi documentarti tu stesso, mentre invece rispondimi direttamente: perché "tu" ridi? E qui mi puoi rispondere solo tu, caro lettore di tutte le razze e le lingue che vivi nel Mondo. Vuoi che risponda prima io? Non ho problemi.

La mia risposta ti meraviglierà: rido per ben morire e cioè per togliere tutta quella tragicità e sofferenza che la vita comporta, per ridarle leggerezza e dignità. Dal tuo sorriso capisco che stai mangiando la foglia; non capisci ancora come, ma intuisci che ti sto portando su un percorso che conduce alla poesia. E sor-ridi. Se prima eri perplesso, ora sei diventato complice e mi guardi come se mi dicessi ho-capito-il-tuo-gioco-e-dove-mi-vuoi-portare, ci-sto-vai-avanti. Non hai detto niente, ma il tuo sorriso, che tra l'altro è una forma sofisticatissima del ridere, senza parole, ha parlato per te. La teoria dei neuroni specchio ci si è ripresentata.

Dunque dicevo di me: rido per morire meglio; accetto la morte che verrà e l'accoglierò con un sorriso perché ho capito il suo gioco, proprio come tu stai facendo adesso con me. Ce la intendiamo. E l'intesa, proprio come una corda che ci lega, ci trasforma e ci fa sentire sia uno che due. Così lo spettatore nei confronti dell'attore, così l'attore nei confronti dello spettatore. Uno e due, due e uno.

Siamo partiti dalla forma più sofisticata della risata, il sorriso, e siamo arrivati alla complicità. Hai mai visto due che, ridendo, si fanno la guerra? Dunque perché ridete, cari lettori pochi o tanti sparpagliati nel mondo? Non importa che mi rispondiate tutti adesso. L'importante è che ve lo chiediate: ma "io" perché rido? Soprattutto quando diventate spettatori che vogliono ridere allo spettacolo: qual è il fine ultimo della vostra risata? Coinciderà con il fine ultimo del vostro essere ed esistere?

Se vi sorge, anche per un piccolissimo lampo di tempo, questa riflessione, siete iscritti automaticamente nell'Albo ufficiale dei poeti. È di secondaria importanza che scriviate versi o musica, dipingiate o danziate, recitiate o semplicemente guardiate fuori dal finestrino attraverso la vostra immagine riflessa: dentro siete dei poeti, sorridete alla morte e non volete la guerra. E a teatro, da spettatori, cercate la complicità dell'attore e volete, da poeti quale voi siete, che l'attore si ponga davanti a voi come un poeta.

Tutto qui. E la poesia?

Al di fuori di voi poeti non esiste. Quando avrete scoperto perché ridete, la poesia non sarà più per voi un mistero e il mondo vi parrà molto diverso da come lo percepite quotidianamente, e vi sarà difficile resistere al fascino di una vita diversa, a vostra misura.

Mi rendo conto, cari lettori, che in questi cinque minuti di lettura è come se fossimo saliti sugli ascensori della *tour* Eiffel e avessimo fatto un su e giù velocissimo; all'uscita ci sembra che la realtà si sia modificata e che non sia più la stessa. Io stesso che ne scrivo ne ho subìto le conseguenze, e non so più a che punto sono della mia esposizione.

Guardo il mio lettore previlegiato che è con me sul treno davanti al finestrino e stiamo in silenzio. Forse anche lui, come me, è frastornato. Ci lasciamo andare nei rispettivi sedili e non riusciamo più a parlare, né a chiederci dove stiamo andando.

Chiudo gli occhi e penso che mi sarà difficile a questo punto riprendere a parlare degli Zani bergamaschi se prima non avrò scritto la parola fine a questo capitolo.

Recitare alla bergamasca

Ci siamo incontrati casualmente su questo treno, io da autore e tu da spettatore, e abbiamo creato, in questo tragitto, un'intesa. Ci piace essere qui, comodamente seduti, a parlare mentre viaggiamo ognuno verso la propria meta che è sempre più vicina, ma il discorso, come il viaggio, non si è ancora concluso. Ci manca un capitolo finale prima che il treno giunga a destinazione e un po' ci dispiace pensare che ci avviamo verso una separazione...

Caro lettore, recitare alla bergamasca non è una metodologia di lavoro sulla modalità esatta di portare sulle scene il personaggio dello Zani bergamasco, ma è un modo di poter essere un attore, e alla bergamasca vuol dire avere un'identità di riferimento territoriale. Essere un attore alla bergamasca vuol semplicemente dire essere diverso dall'essere un attore alla veneziana, alla bolognese, alla napoletana; vuol dire portare nel personaggio l'identità di un territorio, del linguaggio di un territorio, nel nostro caso bergamasco, che ha una sua storia e delle sue radici, ma nello stesso tempo, e qui risalta fuori "l'essere nel mezzo", fare un atto di poesia, intesa nel suo vero senso: sapere unito al fare.

Lo Zani bergamasco è un servitore, non un servo. Il sapere dello Zani bergamasco sta nella coscienza di svolgere un incarico che è basato, pensato e sviluppato su un fare autonomo ma di servizio per gli altri. Egli è padrone di se stesso e contemporaneamente una persona di riferimento che, proprio per il suo saper fare, è degno di fiducia .

Questa è una caratteristica dello Zani che, sui palcoscenici, non viene tenuta nella debita considerazione; quando va bene lo Zani bergamasco viene considerato un sottoprodotto di Arlecchino; si pensa che togliendogli le toppe colorate e riportandolo alla sua grezza casacca bianca la questione sia risolta. Quando va male, e troppo spesso capita, lo si vuole rozzo, tonto e condizionato dai suoi presunti istinti animaleschi e diabolici. Invece lo Zani è un personaggio che svolge con dignità ed efficacia i compiti che gli sono affidati. Queste sue caratteristiche appartengono ai bergamaschi; precedono e sono il presupposto della sua funzione teatrale. Il "Recitare alla bergamasca" ne è uno specchio. Il linguaggio stesso, espresso dal dialetto bergamasco e dalle posture del corpo, è impregnato dal fare e dal trovare soluzioni utili per sé e per gli altri, di saperci ridere sopra e di farci ridere.

Sì, caro lettore, mi sono infervorato... ma non posso dimenticare di essere un bergamasco, anzi, ti dirò di più: sono un bergamasco che vuol portare Bergamo nel mondo proprio grazie a queste caratteristiche, e che perciò si definisce un Bergamondo. E se proprio la vuoi sapere tutta, se si vuole valorizzare l'Europa attraverso le sue diverse identità culturali, quella bergamondiana ne è una radice essenziale e i bergamaschi stessi dovrebbero averne maggiore coscienza.

"Ehi, ehi... calma..." mi dici. "Proprio adesso che stiamo entrando in stazione ti agiti così tanto?". Hai ragione. Adesso mi calmo, non preoccuparti; anzi lo sfogo mi è servito per togliermi dei sassolini delle scarpe e ora ne posso parlare più tranquillamente.

Recitare alla bergamasca vuol dire che l'attore vuole portarvi in un mondo parallelo, dove i personaggi, e in primo luogo lo Zani bergamasco, dietro la maschera ti vogliono parlare di se stessi per farti ridere, attraverso la leggerezza dei personaggi impersonificati e la dignità dell'esistere che si nasconde dietro ogni maschera. Tutto ciò quando e se si vuole che diventi un valore di socialità condivisa. Essere servitori, servire veramente a qualcuno, scambiare fiducia, vuol dire vivere istanti di poesia; questo è recitare alla bergamasca. Ognuno lo può mettere in pratica, approfondendo e inventando, prescindendo dall'essere un dilettante o un professionista teatrale. Ognuno può creare da sè il proprio Zani e lasciare che l'anima o l'animo dello Zani emerga dentro di sè.

Mentre scendiamo dal treno non abbiamo più parole, ma solo sguardi. Ci stringiamo la mano ma non ci basta: ci abbracciamo commossi. Altre persone ci aspettano.

Sentieri

Guardo il panorama da questo terrazzino che guarda sull'infinito.

Il terrazzino è l'affaccio di una casa che è posta su uno sperone di roccia: la Corna. La Corna è il punto di arrivo a Pizzino, frazione di Sottochiesa, capoluogo della Val Taleggio. Val Taleggio è una tranquilla valle che si dirama dalla Val Brembana, *"Gran tera de Zani"*.

Il mio cane Artemio – piccolo levriero italiano – è steso a pancia all'aria per prendersi tutto il sole possibile ed è molto preoccupato dall'andirivieni dei miei quattro gatti – ma sarebbe più esatto dire gatti di mia moglie Eleonora – "Sacri di Birmania" che gli girano intorno alla ricerca di un modo per saltare sulle ringhiera del terrazzo. Piumabigia – la madre –, poi Sansone detto Sisso, Schopenauer detto Sgnechino e Sigfrido detto Sighi si ostinano a ignorare che un balzo fatto male li farebbe volare giù nel dirupo. Cosa starà facendo il mio lettore nel mondo oltre le cime seghettate del Resegone che mi stanno davanti?

Di tempo ne è passato da quel viaggio in treno, quanto non importa, ma quelle immagini ritornano mentre mi incammino verso un sentiero che porta nel bosco e poi a un vecchio mulino. Con me Artemio e il silenzio. Talvolta il fruscio delle sue scorribande tra le foglie secche. Il sole ci scalda volentieri e i colori delle fronde ancora vive mi mettono allegria.

Scorgo in lontananza due giovani, un uomo e una donna, a darsi buffetti e ridere, allegri anche loro. Non li conosco e non vestono da nativi del luogo; saranno ospiti in qualche casa, penso.

Scoprirò che sono fratello e sorella, nipoti di nonna, che è venuta in valle a chiudere casa in una frazione vicina.

Mentre mi avvicino, Artemio mi precede e, come suo solito, fa gran festa. Il fratello è più guardingo, ma lei si fa baciare e conquistare.

"Ma che bello che sei, ma come sei dolce…".

"Forse vuole un biscottino" la frena lui. "Mi è rimasto questo pezzetto di panino…".

Appena lo tira fuori dal taschino, il fedifrago molla lei e si mette davanti a lui e lo fissa intensamente, poi deglutisce e fa capire che gradirebbe. Lui toglie il residuo dall'involucro, in un lampo la carta stagnola rimane vuota e lui fa una grande risata.

Artemio, per non fare la figura del bastardo, si riavvicina a lei e la ribacia cercando gradite carezze…

Nel frattempo sono arrivato anch'io.

"Ma che carino, è cucciolo?" esordisce lei.

"Ma non vedi che ha i baffetti già un po' grigi?" osserva lui.

"Ha sei anni canini. Ha più o meno la vostra età…" azzardo.

Il ghiaccio è rotto. Si parla, più lei che lui, della bella giornata, dei colori degli alberi, della nonna che sta pulendo e chiudendo casa, del fatto che loro l'accompagnano per non lasciarla da sola, se io son di qui, "No, sono qui con mia moglie a passare un po' di giorni fuori dal caos", "Si figuri noi che viviamo nell'appartamento a Milano sotto la nonna perché i genitori sono divorziati e vivono in città diverse", che hanno preferito così per non cambiare città e amicizie, che loro due si sono organizzati dividendosi tra le faccende domestiche e il precariato, che ormai la nonna è la loro figura di riferimento.

Insomma un quadretto di come vive la gioventù ai tempi d'oggi: poche certezze e tante speranze di un futuro migliore.

"Beato Lei" dice lui, "che ha la possibilità di stare qui. È proprio un'altra atmosfera".

"Ma che lavoro fa laggiù?" spara lei.

Saranno passati, che dico, dieci minuti e ci siamo detti l'essenziale della vita. La domanda di lei, sparata con naturalezza e viva curiosità, mi ha creato un moto di inquietudine. Eh già: che lavoro faccio io? Come spiegarlo? Attore, autore, regista, consulente? Sarei tentato di dire pensionato e chiuso il discorso. Ma la richiesta di lei, così ingenua e viva, mi fa riflettere.

Per prima cosa vi immaginate voi che in città possa avvenire un simile incontro e simile naturale dialogo? Impensabile al primo incontro. Eppure in montagna sembra naturale, e per non avere un atteggiamento guardingo da cittadino decido di rispondere con semplicità.

"Mi interesso di teatro…".

Magia del teatro! Gli occhi di lei si spalancano.

"Teatro? Davvero? Mi prende in giro?".

"No".

"Ma lo sa che settimana prossima incomincio un corso di teatro biennale? Vorrei fare l'attrice".

Mi sento nuovamente spiazzato e imbarazzato. Quasi mi pento di averlo detto, ma ormai è fatta.

"Attore? Regista?".

"Ho cominciato come attore per sbaglio, son diventato regista per necessità; adesso penso di essere un autore".

Sono proprio io che ho parlato? Io che ho difficoltà a parlare della mia vita artistica?

Lei è rimasta in silenzio e mi guarda.

È passato un anno da quando Nives mi ha guardato l'ultima volta ed eccola ancora qui negli stessi luoghi in montagna che mi riparla.

"Si ricorda del nostro incontro l'anno scorso? Non sapevo quasi nulla di teatro e lei non mi ha detto nulla di pratico. Solo una frase che ricordo: 'Non avere fretta: è il peggior nemico dell'attore'.".

"E hai avuto fretta?".

"La tentazione c'è stata, ma mi sono trattenuta".

"E Merigo?".

"Sta bene. Sta arrivando in auto con la nonna. Io son venuta in corriera". Camminiamo un po' in silenzio. Artemio, dopo averle fatto un sacco di feste, si è rimesso ad annusare tracce di altri cani.

"Beh, allora dimmi: com'è andato questo primo anno di corso di teatro?".

Nives mi guarda e sorride.

"Niente fretta… L'anno scorso lei è stato un po' sfuggente, ma oggi ho proprio voglia di conoscere come ha cominciato e qual è stato il suo percorso. Qui c'è una panchina, là una fontana, la giornata autunnale è piacevole. Io aspetto e non ho fretta…".

Fregato con le mie stesse parole di insegnamento, ma contento che l'allieva le abbia messe in pratica, non mi resta che stare al gioco.

"*Touché!* Ho cominciato per sbaglio. Volevo iscrivermi al Centro sperimentale di cinematografia di Roma, ma essendo un anno buco di concorso avrei dovuto aspettare l'anno successivo per accedere. Un critico cinematografico, Sandro Zambetti, mi consigliò di sfruttare l'anno per iscrivermi a un corso di teatro, e così feci. Sono passati quarantasette anni… Cosa vuoi sapere dei quarantasette anni?".

kkkkkkkkkkkkkkkkkkkkkkkkkkkkkkkkkkkkkkkkkkkkkkkkkkkk
kkkkkkkkkkkkkkkkkkkkkkkkkkkkkkkkkkkkkkkkkkkkkkkkkkkk
kkkkkkkkkkkkkkkkkkkkkkkkkkkkkkkkkkkkkkkkkkkkkkkkkkkk
kkkkkkkkkkkkkkkkkkkkkkkk

Da qui in avanti troverai spesso questi segni del camminamento dei miei gatti sulla tastiera. Cosa ci vuoi fare... a loro piace camminare sulla tastiera e si lamentano molto quando li sposto.

"Eh già, sono quarantasette anni. La scuola cominciava proprio in autunno. Venivo dall'Università di Sociologia di Trento, dove avevo frequentato per due anni, il 1968 e il 1969. Anni di sconvolgimento esteriore e interiore con tanta voglia di cambiare il mondo che non ci stava bene. Ma sentivo che il mio percorso in quella città era finito. Avevo urgenza di fare il mio. Intuivo di dover fare qualcosa che mi permettesse di realizzare cose concrete e non slogan ideologici. E tu? Cosa ti attendi dal tuo secondo anno?".

"Non so dirle esattamente cosa aspettarmi, però dopo il primo anno di corso durante il quale ho imparato un po' a muovermi, un po' a recitare, un po' a essere meno impacciata, sento il bisogno di capire dove sto andando; un po' come è successo a Lei dopo i primi anni di Università".

"Bene, ti dirò come ho reagito io ai tempi, sperando di poterti essere utile. Volevo cambiare il mondo, avevo idee e queste dovevano passare attraverso un mio modo di fare teatro, e io ero l'attore di questo teatro. Fare l'attore a modo mio è stato il mio primo tentativo di fare teatro. Quasi subito si è scontrato con i miei primi due maestri, dapprima con Piero Marcellini, insegnante di mimo e successivamente con Giovanni Locatelli, insegnante di recitazione. Dico 'scontro' in senso benevolo, proprio come l'allievo che apprende ma che poi deve fare qualcosa di suo. Quindi il primo insegnamento che ti do è questo: vai allo scontro se quello che apprendi non è quello che tu vuoi fare, ma non dimenticarti che i tuoi maestri sono persone. Quindi distaccati ma rispettali, e alla fine non avrai niente da rimproverarti; la funzione di un maestro è quella di essere superato. Ai maestri scoccia, ma è così. Se sarò un tuo maestro, mi scoccerò del tuo distacco, ma dentro di me sarò contento che il mio insegnamento sia servito a qualcosa".

Immedesimazione nel personaggio

"Insieme abbiamo affrontato il metodo Stanislavsky, che prevedeva uno studio sistematico dell'immedesimazione dell'attore nel suo personaggio; in parole povere, o almeno quello che io ne ho capito, è che l'attore deve mettere qualcosa del suo vissuto personale nel personaggio che interpreta, un qualcosa che è capitato proprio a lui e che gli ha suscitato forti emozioni, che in un qualche modo deve conservare e custodire dentro di sé, con l'intento che possa poi far vivere il personaggio interpretato nella rappresentazione teatrale".

Nives non parla più, guarda Artemio che le sta leccando la mano e che si è allungato per leccarle il viso. Gli accarezza la testa e poi la schiena e si guardano intensamente.

"Per esempio: tu e Artemio in questo momento avete un forte *feeling*, questa è un'emozione forte e significativa. Ma un'emozione passa attraverso movimenti fisici specifici: lo sguardo, il modo in cui respiri, il movimento del tuo braccio, della tua mano, delle tua dita, della lentezza della tua carezza sulla schiena di Artemio. Sono atti che esternano la tua emozione. Bene, tutto questo fissalo dentro di te: ricorda tutte queste cose quando ti verrà richiesto dal regista che il tuo personaggio si accosti a un altro personaggio con fiducia e affetto. Rimetti in funzione in quell'occasione i movimenti del corpo che tu hai in questo momento con Artemio: si riprodurrà lo stesso stato d'animo ma vivrà dentro il personaggio. Il personaggio vivrà della tua emozione".

Che predicone… L'avrò spaventata?

Invece mi sorprende.

"Ma allora tutto il vissuto può diventare fonte di ispirazione per l'attore?".

"Sì, le emozioni vanno osservate, oltre che vissute, e riprodotte per la scena con metodo".

"Artemio, siamo una coppia formidabile! Meriti un biscottino".

Caro lettore, che non so dove tu sia nel mondo, questo è stato il mio primo approccio al Teatro: la scoperta di un metodo. Un metodo non è solo tecnica: è riflessione. Fai, poi rifletti e fai, rifletti e rifai: cresci sugli strati che hai creato.

Ero giovane e la mia strada e la Commedia dell'Arte non si erano ancora incrociate. Ne dovevano passare ancora venticinque, di anni. Intanto ti ho fatto conoscere Nives; anche con lei, prima o poi, dovremo parlare di Commedia dell'Arte, ma per ora è troppo presto.

Riprendiamo a camminare. Artemio ci trotterella davanti.

Sento che Nives mi vorrebbe chiedere qualcosa.

"Hai qualcosa da chiedere?".

"È il metodo che fa diventare attore?".

"Sì e no. Il metodo ti spinge sottilmente a non avere fretta, ti indica che non esiste una via facile per recitare, che tutto deve andare per gradi".

pfggggggg21qqqqqqqqqqqqqqqqqqqqqqqqqqqqqqqqqqqqqqqq
qqqqqqqqqqqqqqqqqqqqqqqqqqqqqqq

"Ma ora ti devo parlare di una cosa altrettanto importante del mio cammino verso la mia attuale drammaturgia che è la Commedia dell'Arte, sulla quale sto scrivendo un libro. Ti devo parlare anche dell'Animazione teatrale".

"Commedia dell'Arte... Animazione teatrale... Una cosa per volta: non stavamo parlando del metodo?".

"Ma io ti sto parlando di metodo. Per adesso è un po' prematuro parlare della Commedia dell'Arte, il punto di arrivo dei miei *quarantasette per ora* anni in teatro. Anche parlando di Animazione teatrale non potremo fare a meno di parlare di metodo".

Artemio si è fermato per l'ennesima annusatina. Si volta verso di noi come per dire: "Qualcuno l'ha fatta grossa...".

"Sono proprio degli incivili" sottolinea Nives.

Artemio ci mette il sigillo umido per segnare il suo territorio. Proseguiamo sul sentiero della mia esperienza teatrale: l'Animazione teatrale.

Animazione teatrale

Richiediamo di nuovo aiuto all'etimologia: "animazione", dare azione all'anima. Il principio vale per tutti gli uomini, ma negli anni Settanta del secolo scorso il termine Animazione Teatrale venne utilizzato per un percorso particolare da intraprendere con i bambini e i ragazzi. A Bergamo nasce, da un'idea del mio maestro di recitazione, Giovanni Locatelli e dalla mia necessità di trovare, come ho già detto, una mia via al teatro. La nostra intuizione fu quella di voler sperimentare il teatro come pedagogia attiva: i ragazzi dovevano, attraverso il gioco di un ruolo teatrale loro affidato, far emergere "l'anima", cioè arricchire la propria coscienza di valori positivi. La mia azione fu quella di voler sperimentare un metodo di lavoro teatrale per la formazione dell'attore partendo dalla ricchezza espressiva dei bambini.

Utilizzammo come testo, o per meglio dire come pre-testo, la storia de *Il libro della Jungla* di Kipling. La singola classe con la quale si agiva, nella sua totalità, diventava la Comunità dei lupi. Noi, sei-sette attori, partivamo dalla narrazione della storia per poi sollecitare possibili soluzioni, non previste dal testo, da adottare per farla proseguire. Ogni oggetto della classe compartecipava alla narrazione: sedie, cattedre, righelli, lavagne, borse, zaini, oggetti intagliati di carta e cartoncino e tutti i partecipanti avevano un ruolo, grande o piccolo che fosse. Non c'erano spettatori, eravamo tutti, contemporaneamente, attori e spettatori. La rappresentazione durava lo spazio di un mattino alla fine del quale, come nel film *Jesus Christ Superstar*, tutti i protagonisti risalivano sulla loro corriera e tornavamo a casa, dopo grandi abbracci di addio, come vecchi lupi.

"Fantastico!" esclama Nives. "Artemio, hai visto il tuo padrone? Dai vecchi lupi ai piccoli levrieri italiani... Però non ho capito: dove sta il metodo?".

"Ti ho appena detto che un metodo non è solo tecnica, ma un modo di apprendere. Con il metodo dell'immedesimazione l'attore faceva vivere il personaggio attraverso le sue emozioni personali che restavano però confinate nel testo del copione: il personaggio viveva, lo spettatore recepiva".

Nello svolgersi dell'animazione teatrale invece l'attore poteva usare le sue parole, autonome rispetto al testo. Doveva sì imparare a trattenere lo svolgersi della storia, ma nello stesso tempo agiva da personaggio teatrale per dialogare e interagire con i ragazzi sul come portare avanti la storia stessa. Era sempre l'attore della storia, ma essa procedeva attraverso le parole inventate al momento per la necessità della narrazione.

Queste non stavano scritte sul copione e ogni volta erano una specie di *spinta gentile* a far diventare i bambini attori a loro volta.

"Capisci bene che palestra per l'attore! Per non parlare della felicità dei bambini di vivere in questo modo un'esperienza scolastica. Qualche nostalgico direbbe ancora 'Formidabili quegli anni', e in parte avrebbe ragione. Tu pensa che mi dovevo laureare presentando una tesi dal titolo 'Sociologia della conoscenza' che avevo già scritto, ma il mio relatore davanti a questo titolo aveva sbottato: 'Ma non ha un argomento più vivo da presentare?'. 'Io l'avrei, ma non esiste praticamente bibliografia perché lo stiamo attuando adesso nelle scuole'. Gli parlai dell'Animazione teatrale. E lui, raggiante: 'Le do tre mesi di tempo per portarmi tutta la documentazione'. Fu così che la tesi di laurea divenne 'L'Animazione teatrale nelle Scuole', anno 1976. E ho valide ragione per credere che fu la prima tesi di laurea mai scritta su questo argomento". E riprendo:

"Cara Nives, nel mio percorso si era aggiunto un altro tassello: la scoperta che lo spettatore poteva avere un ruolo, piccolo o grande, all'interno dello spettacolo, se l'attore lo avesse voluto. Ma l'attore deve essere in grado di reggere questa partecipazione e, per farlo, deve avere un metodo; questo presuppone la scelta di averlo e di capire e scegliere il teatro che si vuole praticare".

"Mamma mia, che storia!" commenta Nives. E tace. Anche Artemio si è accucciato e ci guarda. Poi un rumore in lontananza lo distrae. Vediamo lontano una macchina che lentamente risale le strade verso Pizzino.

"Potrebbe essere mio fratello con la nonna. Cosa facciamo?".

"Aspettiamo qui, in silenzio".

Ormai, con il rumore lontano di un motore, arriva la sera. Nessuno dei due ha più voglia di parlare. Tra pochi minuti dovremo utilizzare un linguaggio più quotidiano, più affettivo e attivare un'altra zona del cervello. Dove andrà a finire la nostra conversazione così profonda? Come faremo a ripescarla nella nostra memoria? La macchina risale i tornanti sotto di noi.

Senza guardarla le prendo la mano e le do una piccola stretta.

Nives ricambia, ma continuiamo a non guardarci. Ci sentiamo e poi ci lasciamo.

"Ciao Nives, ciao Professore".

"Non sono Professore, Merigo".

"Si ricorda il mio nome?".

"Non è un nome usuale".

"È mia nonna che l'ha praticamente imposto: eccola qui in carne e ossa!".

"Piacere, Giuliana. Nonna di questi due bei tipi. Nives mi ha detto che lei si occupa di teatro".

Chiara, schietta e sorridente. Ha il sorriso della nipote; ahi, mi aspettano tempi impegnativi…

"Nonna, non cominciare. C'è già Nives che l'avrà pressato. Il signor Rota è in vacanza, come noi. Non siamo al club delle tue amiche con argomento 'spettegolando sull'autore'".

"Dolce Merigo, hai segnato un punto nella mia valutazione. Saprò a chi rivolgermi se verrò troppo messo alle corde".

Artemio è già lì dalla Nonna con le zampe sui suoi fianchi e dal nulla spunta un biscottino.

"Nives me l'aveva detto che eri un amore di cane...".

Slurp… il biscottino è sparito.

Masticazione zero.

Venduto di un cane.

Un grande camino in cucina ampia, tavolo con ripiano di marmo, mobilia anni Cinquanta. Cena: minestrone con aggiunta di castagne. Squisito. Poi frittatona con ortiche. Vino rosso biologico.

"Grazie per l'invito. Mia moglie è dovuta scendere in città e questa cenetta giunge a proposito".

"Che non sia una trappola, signor Marco?" insinua Merigo.

Le due donne fingono di rimproverarlo e mi scrutano per vedere la mia reazione.

"Dopo una cenetta così, potete cucinarmi..." mi lascio scappare. Acc ...mi sono fregato da solo, bevo un altro sorso.

"Piano" dice Nonna Giuliana. "Dobbiamo ancora assaggiare la grappa ai mirtilli di sua moglie Eleonora, che ci ha gentilmente portato. Non vorrei che fosse troppo: invece di chiacchierare con noi davanti al camino, rischia di addormentarsi".

Capisco che non ho più scampo. Ma forse non lo volevo evitare: bastava che rifiutassi l'invito, "No, non posso, il cane, i gatti... un'altra volta, magari con mia moglie..." invece di accettare. Prima che perdessi la lucidità, mi sono buttato da solo nel baratro del tipo: quando capisci che sei fregato, fai il forte, fai il grande: concediti.

"Stasera vi parlerò dello spazio del Teatro".

Nives e Nonna sorriso smagliante, Merigo sguardo perplesso tipo "sei caduto in trappola". Artemio mi guarda un po' abbacchiato per via di mancanza di ciccioli causa cena vegetariana. Nella cucina fuoco e ombre.

Tachem! Dunque: lo spazio nel Teatro.

"Avevo lasciato Nives al punto nel quale l'attore deve scegliere che tipo di teatro vuole praticare e il metodo che deve seguire e perseguire per realizzarlo, e poi abbiamo parlato dell'animazione teatrale".

"Vero. Ho già raccontato tutto alla nonna della nostra conversazione; del resto, conoscendola, non potevo farne a meno, quindi siamo già sul pezzo, come puoi vedere dai nostri sguardi" dice Nives cercando lo sguardo complice di nonna Giuliana. Merigo si prende in grembo Artemio e lo coccola per la mancata libagione.

"Ma oltre a quello che l'attore può fare per se stesso, bisogna che affrontiamo il tema del 'dove si fa'…" e faccio una lunga pausa assassina.

"E cosa c'entra il 'dove' con il lavoro dell'Attore? Che cosa c'entra lo Spazio con il Metodo?". A intervenire è stata nonna Giuliana, che mi guarda come se la prendessi in giro.

"C'entra, c'entra. Partiamo da cose concrete e verificabili. Noi siamo qui e parliamo; tra noi c'è un'atmosfera dettata dalle ombre, dal fuoco, dal suono del suo scoppiettio, dal ronfo del cane che dorme in braccio a Merigo, dalle domande in sospeso di nonna Giuliana, dalle attese indefinibili di Nives, dall'atteggiamento ironico di Merigo, da me che sono in questo momento l'attore che ha l'azione. Tutto, visto o solo percepito, osservato o intuito, accaduto o solo pensato, concorre alla nostra comunicazione. Anche se io stessi fermo e non proferissi parola, la nostra comunicazione procederebbe lo stesso e avrebbe comunque un significato per ciascuno di noi. Anche il silenzio continuerebbe a parlare. Noi tutti siamo all'interno di questo spazio e ognuno ne può influenzare l'andamento, siamo tutti attori e spettatori. L'attore è colui che prende l'azione e la fa procedere in quel momento, sempre pronto a capire se qualcosa succede in quello spazio o se altri vogliono a loro volta prendere un'iniziativa. Vi è chiaro?".

Tutti tacciono. Il silenzio è eloquente! Anche tu, mio caro lettore, sei curioso di capire dove sono andato a parare.

Capit negot. Capito niente.

ssssssssssssssssssssssssssssssssssssssssssssssssssssssssssssssssss
ssssssssssss
ssssssssssssssssssssssssssssssssssssssssssssssssssssssssssssssssss
ssssssssssssssssssssssssssssss.

[Ho lasciato il computer per andare a mangiare e questo è il risultato].

Torniamo alla nostra cucina dove tutti sono ammutoliti di fronte al mio io nella storia.

"Bene, allora l'azione la prendo io" riparte Nives, "però voglio parlare di teatro. Siamo in una sala teatrale. C'è la platea, il palcoscenico. Gli attori portano avanti l'azione, ma gli spettatori sono lì fermi e muti. C'è uno spazio illuminato e uno buio. Dov'è lo spazio del teatro?".

"Esatto! Brava Nives, è quello che mi chiedo anch'io: dov'è lo spazio del teatro? Ogni volta che entro per la prima volta in una sala mi chiedo: cosa può accadere in questo spazio teatrale? E vorrei che se lo chiedessero gli attori e vorrei che se lo chiedessero gli spettatori. Cosa posso fare io, attore o spettatore che sia, per far sì che il teatro si manifesti in questa sala? Tutti possono fare qualcosa: la condizione necessaria e primaria è che tutti decidano di essere lì e che tutti si sentano parte attiva di ciò che accadrà, sia che parlino sia che ascoltino".

"Sia che ronfino" interviene Merigo, "come il nostro Artemio!".

"Giusto: anche il suo ronfare può essere della massima importanza e cambiare completamente la condivisione dello spettacolo che stiamo costruendo e vivendo in questo momento. Artemio ronfa perché è rassicurato dal nostro conversare e gode di questo clima rassicurante. Ora proviamo a vedere cosa succede se stiamo tutti zitti: nessuno parli o si muova. E guardiamo tutti nella sua direzione".

E così facciamo, come se fossimo in una seduta spiritica.

Dal punto di vista pratico è come se gli avessimo passato l'azione. Nella cucina si sente solo il crepitio del fuoco. Merigo ha smesso di accarezzarlo. Sentiamo che poco a poco il ronfo diminuisce, poi cessa. Nonna Giuliana ha bisogno di schiarirsi la gola e lo fa. Artemio, immobile, raddrizza le orecchie.

Silenzio. Spalanca un occhio, poi tutte e due e ci guarda dal basso in alto. Silenzio. Poi sbadiglia e ci riguarda. Silenzio.

Smarrito si tira su e scodinzola.

Nonna Giuliana esplode in una contagiosa risata e applaude, tutti applaudiamo e Artemio salta in terra, si stira, va da Giuliana e le appoggia le zampe sui fianchi. Biscottino di rigore. La sua azione ha stravolto il copione, serio fino a quel momento, intensamente agito, e l'ha reso comico. Il nostro spazio è cambiato e tutti abbiamo concorso a cambiarlo. È stata una recita perfetta: tutti attori e tutti spettatori.

"Ho capito" afferma Nives. "Però in uno spettacolo è diverso: ha una sua scrittura e l'azione deve procedere. Io, come attrice, ho il dovere di portare avanti l'azione già prevista per la mia parte".

"Certo, hai ragione. Io stesso, da autore, sento l'esigenza che in quello spazio si concretizzi ciò che ho pensato e steso sul foglio, ma questo non deve, non dovrebbe, avvenire a scapito dello spettatore che abita con me quello spazio. Io, come attore, devo avere la sensibilità di non escludere lo spettatore; non posso ignorare che lui è lì come persona in quello stesso mio spazio. Io gli devo rispetto per la sua partecipazione fisica ed emotiva".

"Va bene" si infervora Nives, "ma dov'è il metodo in tutto questo? Lei ci ha parlato a lungo del metodo e di cosa ha colto negli insegnamenti dei suoi maestri di teatro. Si può insegnare a rispettare lo spettatore? Questa non è una qualità morale? Cosa ha a che fare con un metodo?".

"C'è un maestro che mi ha fatto molto riflettere sul mio essere attore e sul limite, se così si può dire, dei vari metodi. È il regista inglese Peter Brook, che ha scritto un libro intitolato *Il teatro e il suo spazio* negli anni Settanta del secolo scorso. Con lui ho condiviso molto di quello che andava scrivendo sul Teatro di Bertold Brecht e su quello di Jerzy Grotowsky, ma soprattutto mi ha obbligato a pormi una domanda: qual è lo spazio del mio teatro? No, non è un metodo, ma a questo punto vi devo dire che il metodo non può supplire alla domanda esistenziale che anche tu dovrai prima o poi porti: qual è lo spazio del mio teatro? Comprende o non comprende la presenza dello spettatore?".

"Ma non esiste qualche modalità che possa in qualche modo aiutare l'attore se questa è la sua scelta?" aggiunge Merigo.

"Sì, qualcosa si può fare ma solo se l'attore vuole sviluppare la sua sensibilità e muoversi verso questa direzione. Essenziale è che l'attore accetti di avere persone vive come spettatori che sono lì per respirare con lui, che non le tema e non le ignori e che le sue parole siano di abbraccio e non didascaliche, di cuore e non di mente".

"Tutto e niente" si lascia scappare Nonna Giuliana. "Lo spazio è niente ma può essere tutto se lo si vuole riempire dei nostri propositi di incontro".

"Fa-re-spa-zio" sillaba Nives. "Ecco cosa voglio dal mio teatro: fa-re spa-zio. Non so ancora bene cosa vuol dire ma sarà il timone della mia barca. Ah! Come mi sento bene! Grazie, grazie a tutti, mi vien da piangere. Grazie Artemio di aver ronfato, grazie Merigo per esserci, grazie nonna per il tuo sorriso e grazie a lei per averci parlato".

"La beviamo questa grappina ai mirtilli di mia moglie?".

Suggestioni

Il mio nella Commedia dell'Arte

Sono rimasto solo con Artemio e i miei quattro gatti. Mia moglie non è ancora tornata dalla città. Nives, Merigo e Nonna Giuliana sono ripartiti ieri. Mi hanno invitato con calore, ma ho mentito quando ho promesso di rivederci presto. Vederli nella loro città, che è ancora più città della mia città, mi sembra proprio fuori luogo; fuori luogo è proprio la dizione esatta. La nostra non è stata una conversazione cittadina e non può continuare in una città. Non chiedetemi di approfondire oltre. È così!

Sono partiti ma l'eco dei nostri discorsi mi gira dentro. Aver parlato di me stesso nel teatro mi ha lasciato qualcosa di inespresso. È mancato l'ultimo anello della catena ed è il punto nel quale mi trovo adesso. Che tipo di teatro voglio fare e proporre parlando di Commedia dell'Arte? La partenza dei miei vicini mi ha impedito di entrare nel vivo di questo argomento. Sono contento per Nives; sono sicuro che troverà la sua via e sono curioso di sapere come svilupperà il suo fa-re-spa-zio. A ogni artista la sua strada. La mia, per ora, è ancora nella Commedia dell'Arte.

Anche Artemio è stato un attore di questo percorso. Intanto si è rintanato sotto una coperta e ha il muso fuori: guarda preoccupato Piumabigia, la gatta, che gli gira intorno con un sinistro miagolio e vuole capirne le intenzioni.

"No, Piuma, lascialo stare... non ti ha fatto niente".

La mia esortazione ha risvegliato pigramente l'interesse degli altri tre gatti verso il mondo e Sansone fa per entrare sulla tastiera ma lo stoppo; quindi per il momento non troverete traccia visiva del suo passaggio, ma per il futuro non posso garantire niente.

hhhhhhhhhhhhhhhhhhhhhhhhhhhhhhhhhhhllllllllllllllllllllllllllllllllssss ssssssssssssssssssssssss

Difatti...

Ha voluto passare avanzando e retrocedendo velocemente.

Poi si ferma e mi guarda: "Adesso puoi andare avanti a scrivere...miao!". È un segno: scriverò per i miei gatti; così potrò dire che almeno mi hanno letto quattro gatti...

Cum cludere

La nascita della Commedia dell'Arte ha segnato nel Cinquecento l'inizio di un percorso riformatore di tutto il Teatro. Il Teatro si svincola dalla sua funzione di cinghia di trasmissione ideologica e religiosa per diventare una rappresentazione autonoma e viva con due funzioni distinte ma complementari: da una parte la funzione sociale con le sue tematiche strettamente intrecciate alla vita quotidiana degli spettatori, dall'altra una funzione legata alla trasformazione del ruolo dell'attore. Quali le Rinascite della Commedia dell'Arte?

Cosa ha da dire ai nostri contemporanei sia per il ruolo di formazione dell'attore che per la funzione sociale della sua rappresentazione?

Riguardo a quest'ultima mi sembra ormai giunto il tempo che finisca l'avversione, che nei primi tempi era anche condanna, degli organi ecclesiastici alle rappresentazioni di Commedia dell'Arte; è una posizione antistorica e non ha proprio più nessuna ragione di sussistere. La modalità con la quale la Commedia dell'Arte viene rappresentata non ha più niente a che spartire con le tematiche che portarono al "rigetto" espresso dalla Chiesa nel Cinquecento, dovuto alle licenziosità di fatti, parole, gesti, situazioni, desideri con i quali attori ed attrici catturavano l'attenzione del pubblico. Altri, in tempi moderni, dovrebbero essere quelli che non avrebbero diritto a essere sepolti in cimiteri e, sicuramente, se proprio si volesse scomunicare qualcuno, questo andrebbe cercato, per la sua banalità, nel settore dell'intrattenimento, nel sottobosco televisivo e mediatico. Gli attori e i testi della Commedia dell'Arte hanno perso, e di molto, il primato della licenziosità e della volgarità. Altri sono i modelli di rappresentazione di volgarità fine a se stessa, purtroppo ormai accettati dalla popolazione come fenomeni di costume inevitabili. Non te li devo elencare, caro lettore, perché tu stesso puoi farne una personale graduatoria, a seconda del tuo grado di tolleranza.

Non bisognerebbe mai arrendersi, rassegnati, al brutto che si manifesta in qualsiasi Arte.

Da questo puoi dedurre che invito a scoprire la "bellezza" nelle tematiche riproposte dagli spettacoli di Commedia dell'Arte nella quale il pubblico è co-protagonista. Anzi, dirò di più: il tuo interessamento attivo è indispensabile. La bellezza non può prescindere dal soggetto che ne coglie il piacere. Non viene data: bisogna ricercarla per gustarla e goderne. Nel nostro caso la ricerca è anche necessaria perché la Commedia dell'Arte è proprio sparita dalla programmazione teatrale, se non per qualche titolo famoso, nostalgico e accattivante che si richiama alla Maschera di Arlecchino.

Chiesa e Commedia dell'Arte

La Chiesa si sta impegnando per offrire occasioni d'incontro con altri modelli culturali; per questo vedrei molto bene una riconciliazione con questa modalità del fare teatro ponendo riparo a questa frattura storica, come del resto ha già fatto con la Scienza. C'è un terreno che può favorire questo incontro ed è quello della formazione, attraverso la pedagogia che può derivare dall'utilizzo a fini sociali di un processo di formazione che sta alla base della preparazione dell'attore di Commedia dell'Arte.

Come ho già detto, c'è una formidabile forza che può derivare dal metodo con il quale l'attore di Commedia dell'Arte si forma: quello della comunicazione. Questo modello prevede che l'attore non possa prescindere dallo spettatore, in senso lato "l'altro"; anzi, questi deve necessariamente fare parte del comune spazio della rappresentazione, in senso lato "la costruzione di un'identità dentro una comunità di persone".

Quindi non solo la riconciliazione fra Chiesa e Commedia dell'Arte può diventare una ricucitura storica basata sul reciproco rispetto, ma addirittura può diventare un terreno di rinascita fertile attraverso iniziative congiunte con lo scopo di dare un senso profondo alla vita in comune, basata sulla collaborazione e non sull'antagonismo, sulla pace e non sulla guerra. I sagrati possono tornare alle rappresentazioni popolari, delle quali la Commedia dell'Arte è una delle principali protagoniste.

Vi guardo, miei cari Mici e, come sfingi, vi chiedo il futuro di questi argomenti. Se avete intenzione di rispondermi che ve ne fate un baffo, rischiate grosso. Rilassati sui vostri cuscini di ozio attivo, interrotti da balzi repentini quanto inutili quando gli uccellini vi sfidano comparendo sul davanzale al di là del vetro, non mi date risposte certe tranne quella di Piumabigia che mi fa capire molto chiaramente che desidererebbe farsi una camminata sulla tastiera e una strusciatina sul *display*. Del resto siete sfingi e come tali mi rimandate il quesito su questa ipotesi di rinascita.

Oracolo micesco

Autore mio bello
Che scrivi con cuore
E cervello.
Quale Commedia dell'Arte
Se poesia e valore
Non ne fanno parte?

Indovinello da vera sfinge. A te, caro lettore, tentare di sciogliere l'enigma.

È un bel finale aperto l'enigma micesco, ma mi lascia la sensazione di qualcosa di inespresso, per cui risalgo, in sogno, sul treno. Sui sedili trovo tanti lettori immobili con il mio libro sulle ginocchia e sguardo fuori dal finestrino, come in un quadro di Magritte. Non posso fare a meno di guardare anch'io e di interrogarmi: come formare un attore teatrale attingendo agli insegnamenti dei Commedianti dell'Arte?

Ed è la stessa domanda che, silenziosamente, mi pongono tutti i lettori immobili presenti nel sogno sul treno: tutti guardano nella mia direzione in attesa di risposta.

Mi ritraggo nel sedile, prendo il mio *computer* portatile e, quando rialzo lo sguardo, vedo che nel sedile davanti si sono appostati i lettori, uno sovrapposto all'altro, come se fosse un quadro futurista.

E mi fissano senza fretta. Attendono.

Voi volete che io vi dica come si può formare un attore attingendo alle tecniche della Commedia dell'Arte. Ma prima sono io a chiedere a tutti quelli che vogliono diventare attori: perché lo volete? Scandagliate a fondo il vostro conscio ma anche il vostro inconscio, senza fretta, e vedete qual è l'immagine che avete di voi stessi davanti a un boccascena; che lo vogliate o meno, il modo in cui vi vedete ha già condizionato e condizionerà le vostre scelte. Bisogna che ne siate coscienti. Se siete attratti dalla Commedia dell'Arte sappiate che l'attore che la pratica non può fare a meno di porsi il problema della relazione con lo spettatore. Mentre nel teatro religioso o ideologico è il testo a essere comunicato utilizzando le capacità dell'attore, nella Commedia dell'Arte è l'attore stesso il soggetto e l'oggetto della comunicazione. L'attore non deve essere solo "bravo" ma essere la fonte stessa della comunicazione. La formazione dell'attore di Commedia dell'Arte forgia quella base che può essere utilizzata anche nel teatro ideologico o religioso, l'attore di Commedia dell'Arte può fare anche l'attore dell'altro tipo ma non vale l'inverso. La formazione per la Commedia dell'Arte insegna a essere perno e non corda, parola e non voce, centro e non terminale.

Rialzo lo sguardo.

I miei muti gatti e il mio dolce cane continuano a osservarmi dai loro giacigli; per loro non sto scrivendo un libro, sto semplicemente facendo una pausa nel tempo in cui non mi occupo di loro; per loro ho questa strana abitudine di occuparmi dei fatti miei, in questo caso scrivere un libro, nell'intervallo di un tempo tra un loro pasto o una loro passeggiata. "Strani gli uomini... vogliono occuparsi dei destini e non delle relazioni".

Anche Artemio con ampio sbadiglio e i gatti in questo sonnacchioso pomeriggio di pioggia montagnina si interrogano: "Ma chi glielo farà fare? Ci sono cose più importanti nella vita; a caso... tra un'ora... ricordarsi della consueta passeggiatina-cane e spazzolatina-gatti. Altro che destini! Noi stiamo bene così. Perché non tiri i remi in barca e ci godiamo la nostra relazione?".

Eleonora annuisce.

La vita e la morte,
sullo spazio scenico,
sono amanti.
Ocram Ator, poeta turco del XIII secolo

Paesaggio di Pizzino,
Valtaleggio-Bergamo

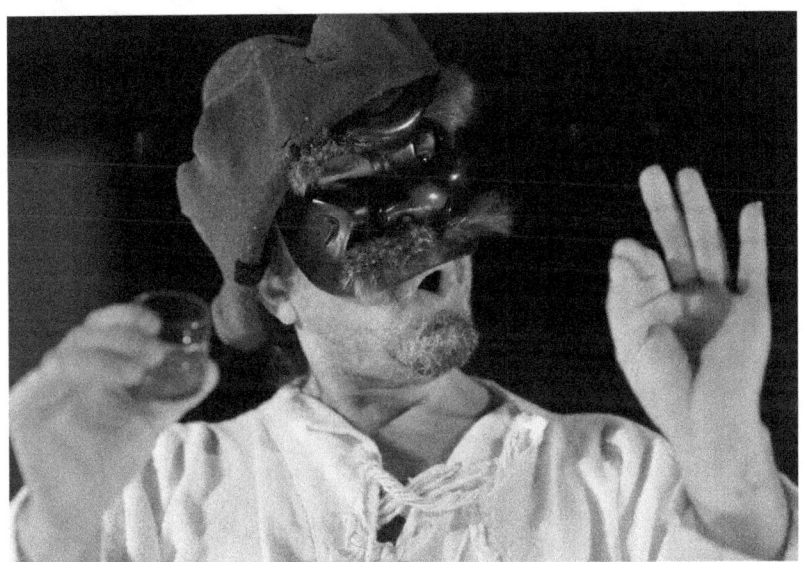

Foto in alto:Zani bergamasco
A sinistra: Epizanìa

Teatro sostenibile: futuro della Commedia dell'Arte?

La sostenibilità è, forse suo malgrado, una parola altamente di moda. Tutti ne parlano e la auspicano, il vocabolo sostenibile rimbalza in ogni discorso della nostra vita quotidiana e ci ispira qualcosa di vagamente gratificante e confortevole; insomma ci coccola e si fa amare.

La qualcosa mi incuriosisce e mi induce a una riflessione: si potrebbe applicare anche a quel tipo particolare di teatro del quale mi occupo? Per essere ancora più espliciti: il Teatro Sostenibile può essere una delle possibili forme di rinascita della Commedia dell'Arte? Sembrerebbe una domanda retorica dall'esito scontato: d'istinto verrebbe da rispondere di sì.

Invece rifletto e dico No. No che non può esserlo. Proprio in quanto parola di moda sarebbe un'etichetta appiccicata e limitativa, troppo riduttiva come forma di rinascita.

La sostenibilità nella Commedia dell'Arte non ha bisogno di rinascere. È insita nella pratica stessa della Commedia dell'Arte. Se mai esistesse un tipo di teatro che ha tutte le caratteristiche della sostenibilità, quello sarebbe la Commedia dell'Arte.

Provate a pensarci! Per quello che riguarda lo spazio, se la sostenibilità è quella di non consumare territorio la Commedia dell'Arte proprio non ne consuma: basta una palchetto quattro metri per quattro – volendo, neanche il palco è indispensabile: basta un rialzo per farsi vedere da tutto il pubblico –; lo spazio scenico si può piazzare ovunque e può essere ovunque, davanti al pubblico, tra il pubblico, con il pubblico; se la sostenibilità vuol dire materia prima a Km zero chi più della Commedia dell'Arte è a Km zero? La materia prima sono gli attori stessi.

Più sono di qualità e meno altro occorre per fare spettacolo.

Il copione è un canovaccio, cioè una traccia per l'azione dei personaggi: addirittura talvolta questo "sapere" è trasmesso oralmente e di conseguenza la quantità di alberi da abbattere è minima, in quanto il testo, più che le pagine scritte, è la presenza scenica degli stessi attori.

Da un punto di vista dei consumi energetici non vi è spreco di energia: le luci sono fisse, la rappresentazione non ha bisogno di effetti speciali tipici dei grossi parchi luce e potrebbe funzionare anche con le sole candele, volendo addirittura *en plein air*. Per quello che riguarda la sostenibilità quantitativa dei materiali nessuno spreco: la scenografia è un pezzo di tela appeso, la cui funzione è quella di permettere agli attori di fare il cambio abito dei personaggi dietro le tende.

Anche lo spreco per le *tournée* è minimo: spesso i materiali viaggiano negli stessi mezzi di trasporto degli attori. Niente TIR al seguito. Non di rado capita che la Compagnia viaggi in treno, con costumi e attrezzature nelle valigie. Per non parlare dell'ecologia del tipo di rappresentazione.

La Commedia dell'Arte porta buonumore; suscita risate a cascata negli spettatori ma anche negli attori stessi. Non potete immaginare quanti risparmi si potrebbero avere nel campo e nei bilanci della salute se la gente si potesse godere di più la vita, assistendo o, meglio ancora, praticando un tipo di teatro siffatto. Un modo di fare teatro alla portata di tutte le tasche, in luoghi e spazi pensati per la fratellanza attori/spettatori: quante risate per lenire gli stress e i dolori e mantenere rilassato e "aperto" il proprio corpo.

Insomma, salutare ecologia per l'anima ed elisir di vita vissuta.
Invito:
Su… dai… non vi viene voglia di vederla e praticarla?

Compagnia Teatro Viaggio
Spettacolo "Filtri di vini"

DOCUMENTAZIONE

In questa seconda parte del libro pubblico i documenti e gli atti più importanti relativi alle iniziative di aggregazione e confronto di numerose realtà che si interessano e praticano, a tutt'oggi, la Commedia dell'Arte in Italia e in Europa.

Un po' a futura memoria e un po' per rendere più conoscibile il paziente lavoro di "tessitura" della nostra attività, con la convinzione della sua utilità futura.

Provincia di
Bergamo

Ufficio Comunicazione
Via T. Tasso, 8 - 24100 Bergamo
Tel. 035.387238 - 506
info@provincia.bergamo.it
twitter @provinciaBg

28
MAGGIO
2017

CARTELLA STAMPA

ZANI ET ARLICHINI
NASCITA E RINASCITEDELLA
COMMEDIA DELL'ARTE

Convegno

www.provincia.bergamo.it

Sessione mattutina del Convegno, Sala Consiliare della Provincia di Bergamo, di spalle: Marco Rota e, al suo fianco, Alberto Vergalli.

Rete Italiana di Commedia dell'Arte (R.I.C.D.A.) Il convegno

Era da un po' di tempo che pensavo di organizzare un incontro a Bergamo per porre le basi della costruzione di una rete italiana di operatori di Commedia dell'Arte.

Quale, se non il nostro territorio bergamasco, il luogo più titolato per assumere questa iniziativa?

Bergamo è riconosciuto a livello mondiale come luogo fondante per la nascita della Commedia dell'Arte. E allora che lo fosse anche come il luogo per porre le basi della sua rinascita.

Convocazione

Bergamo, 2 aprile 2017

Carissimi,

penso che tutti condividiate l'idea di creare una rete in Italia che tenga in relazione attiva i progettisti di spettacoli ed eventi aventi come tema la produzione, la formazione e l'organizzazione di eventi nell'ambito di una modalità che affronti la tematica di un Nuovo Teatro Popolare. L'intento è quello di rendere più forti le produzioni, coordinare le riflessioni e promuovere la comunicazione delle rispettive attività in questo settore del Teatro che ci vede promotori attivi.

L'invito che vi rivolgo è quello di voler partecipare, il giorno 28 maggio2017, a un Convegno a Bergamo, presso lo Spazio Viterbi della Provincia, dal titolo "Nascita e rinascite della Commedia dell'Arte", come fase di avvio fattivo di confronto sulle rispettive organizzazioni artistiche e territoriali per una più efficace comunicazione delle singole programmazioni.

Nella sessione mattutina vorrei dare la parola a ognuno di voi per circa 15 minuti non tanto per illustrare la vostra storia, quanto sulla vostra/nostra progettualità per il biennio 2017/2018, mentre riserverci il pomeriggio su come coordinare le progettualità emerse in mattinata.

Confidando d'incontrarvi a breve,

Marco Rota

Teatro Viaggio/Antiche Maschere dell'Arte

Riflessioni preliminari

Bergamo 20 05 2017

Carissimi,

dopo aver approntato i servizi essenziali per provvedere alla vostra ospitalità, vi scrivo per dirvi le mie aspettative su questo incontro/Convegno che in parte vi ho già esplicitato nei precedenti comunicati.

La selezione che ho fatto delle vostre persone, in collaborazione e con i suggerimenti di Carlo Boso, è stata fatta con l'obiettivo di porre davvero le basi di una rete italiana, condivisa dalla determinazione con la quale, su questo fronte, si stanno impegnando anche Davide e Serena Anzalone.

Mi auguro che ci sia un impegno costante e concreto di idee e fatti per crearla, a cominciare dal Convegno di Bergamo, anche se un simile obiettivo non sarà sicuramente facile.

Per entrare nel merito, mi piacerebbe che il tempo che avete a disposizione, nello spazio pubblico del mattino, servisse *in primis* a ognuno per farsi conoscere e, di seguito, per esplicitare una propria visione del ruolo che potrebbe avere la nostra rete. L'auspicio, condiviso con i massimi dirigenti della Provincia di Bergamo che promuove e patrocina il Convegno, è che il territorio di Bergamo, avendo dato i natali alla Commedia dell'Arte, possa nuovamente avere, con questa iniziativa, quel ruolo propulsivo di cui la costituenda rete ha bisogno.

Per quello che riguarda il pomeriggio, ci aspetta un lavoro importante, e non a caso dico lavoro. La mia opinione è che noi siamo *operatori culturali* e la cultura la dobbiamo fare attraverso opere, e le opere sono essenzialmente pratiche e non teoriche. Non siamo esteti o esegeti, siamo gente che fa, produce e organizza. È importante che impariamo a fare rete, non a stabilire chi è il più bravo a fare formalmente la

Commedia dell'Arte. Il più bravo lo abbiamo già *e ognun lo sa*, ma questo non basta a fare rete. La rete è un Noi, non un Io. Il Noi lo dobbiamo costruire.

Dobbiamo imparare a organizzare una segreteria efficiente per comunicare fra noi e verso l'esterno; quindi mi aspetto, dal nostro incontro pomeridiano, idee e pratiche su questo argomento; dobbiamo riflettere sul nostro ruolo rispetto al circuito teatrale italiano e sulle Leggi che condizionano il mercato e il nostro lavoro; dobbiamo costruire percorsi comuni, anche sacrificando un po' di *budget* riservato agli spettacoli a favore di momenti confronto fra noi operatori (come ho cercato di fare a Bergamo); dobbiamo ingegnarci a reperire risorse finanziarie comuni per mantenere l'organizzazione; dobbiamo comunicare l'importanza sociale della sopravvivenza di tutto il Movimento della Commedia dell'Arte e non dei singoli spettacoli.

Avrei tante altre cose da dire, ma preferisco fermarmi qui e aprire uno spazio per voi. Perché Voi siamo Noi.

A presto.

Marco Rota

Senigallia, 26 maggio 2017

Cari amici,

su richiesta di Marco Rota mando alcuni spunti per poter organizzare al meglio la discussione pomeridiana di domenica. Ovviamente non hanno nulla di vincolante, sono pensieri personali dettati solo da una forte necessità di capire e di far sì che il Convegno di Bergamo sia veramente l'inizio concreto di qualcosa... Tenete conto che sono "l'ultimo arrivato" e dovete scusarmi se ignoro fatti o ne do per scontati altri!

Interrogativi pre-rete.

1. Abbiamo realmente voglia di fare rete? Ne sentiamo concretamente la necessità?

2. Abbiamo voglia di dedicare tempo ed energie, togliendone un po' alle nostre attività, per un progetto che non avrà riscontri immediati di nessun tipo?

3. Abbiamo voglia di creare un'entità che vada oltre gli "interessi specifici" delle singole strutture?

4. Abbiamo voglia di coordinare una rete che non sia luogo di "guerre", di regolamenti di conti, di sguardi al passato ma un *habitat* sano, costruttivo, positivo, umile, creativo e, soprattutto, a favore di un ideale collettivo?

5. Con chi abbiamo voglia di fare questa rete e come scegliersi i compagni di viaggio?

6. Perché, ammesso sia vero, i passati tentativi di fare rete non sono stati efficaci?

Argomenti pro-rete.

1. Filosofia, cioè definire una Carta dei Valori Comuni che sia una bussola ideale per orientare, sostanziare e radicare gli scopi e le azioni della rete.

2. Politica, cioè chiarire la Lista degli Obbiettivi Concreti Comuni che la rete dovrà raggiungere per far sì che i valori suddetti incidano nella realtà.

3. Po-etica, cioè selezionare una molteplicità di Pratiche Comuni da effettuare in maniera costante, verificandole e amalgamandole di volta in volta, per costruire quotidianamente la realizzazione degli obbiettivi.

4. Ricerca.

a) Cos'è il Teatro Popolare nella storia e oggi?

b) Censimento nazionale delle strutture che si occupano di Teatro Popolare.

c) Creare e accreditare a livello nazionale e internazionale un ente ufficiale che, dopo aver raccolto e amalgamato le migliori esperienze teatrali professionali di Teatro Popolare in Europa, possa venir riconosciuto come il luogo per eccellenza dove "tradire la tradizione".

David Anzalone
Centro Teatrale Senigalliese/Cantina Rablè

Proposta culturale della Provincia di Bergamo

Identità Culturale Bergamasca
Nascita e rinascite della Commedia dell'Arte

La nascita della Commedia dell'Arte vede sicuramente il territorio bergamasco in posizione previlegiata, potendo vantarne, attraverso la figura degli Zani bergamaschi – Arlecchino ne è il componente più conosciuto nel mondo – le origini.

Le rinascite della Commedia dell'Arte si manifestano in varie forme.

A livello di drammaturgia con la definizione di una nuova modalità di affrontare il teatro popolare con il suo vivo rapporto con il pubblico.

A livello geografico nel mondo con la celebrazione della giornata mondiale della Commedia dell'Arte che si svolge ogni anno il 25 di febbraio, data certa rispetto al primo contratto notarile che testimonia della nascita di una compagnia di Commedia dell'Arte.

A livello europeo con il tentativo di fare rete sia fra operatori esteri: U.E.N.T.P – Unione Europea Nuovo Teatro Popolare e R.I.C.D.A. – Rete Italia di Commedia dell'Arte.

Riguardo a quest'ultima il 28 Maggio è previsto a Bergamo dai promotori della Rete Italia di Commedia dell'Arte un Convegno che vari un'organizzazione stabile in grado di unire i vari operatori.

Per quello che riguarda una delle "rinascite della Commedia dell'Arte" sul territorio bergamasco, si vuole dare particolare importanza a quei luoghi del territorio che attivamente ne promuovono l'aspetto culturale e turistico attraverso eventi, riflessioni e progetti.

Promotori
Ada Marcantonio, Accademia del Teatro in lingua veneta.
Carlo Boso, A.I.D.A.S. Regista teatrale.
David Anzalone, Centro Teatrale Senigalliese/Cantina Rablé.
Antonio Gargiulo, Compagnia Extravagantes.
Marco Rota, Teatro Viaggio/Antiche Maschere dell'Arte.
Nello Costabile, Regista.
Roberta Sandias, Compagnia La Mansarda.
Tania Passarini, Fraternal Compagnia.
Frederic Rey, in rappresentanza U.E.N.T.P. – Unione Europea Nuovo Teatro Popolare

Verbale della riunione per costituire una rete di soggetti e strutture italiane per un Nuovo Teatro Popolare

Bergamo, 28 maggio 2017

Sono presenti:

- Carlo Boso
- Frederic Rey
- Ada Marcantonio e Luisa Baldi (Accademia del teatro in lingua veneta)
- David Anzalone e Serena Anzalone (Centro Teatrale Senigalliese)
- Antonio Gargiulo (Centro Studi Extravagantes)
- Nello Costabile (Centro Teatro Calabria)
- Massimo Macchiavelli e Tania Passerini (Fraternal Compagnia)
- Roberta Sandias (Compagnia La Mansarda/ Teatro dell'Orco).

Prende la parola l'organizzatore Marco Rota per i saluti e per leggere il comunicato inviato via *mail* dove si sottolinea quali sono i punti di discussione della giornata:

1) Possibilità di unire le realtà che sono state inviata in una rete;
2) Segreteria efficiente per comunicare fra noi e verso l'esterno;
3) Riflettere sul nostro ruolo rispetto al circuito teatrale italiano e sulle leggi che condizionano il mercato e il nostro lavoro;
4) Costruire percorsi comuni;
5) Ingegnarci a reperire risorse finanziarie comuni per mantenere l'organizzazione;

6) Comunicare l'importanza sociale della sopravvivenza di tutto il Movimento della Commedia dell'Arte e non dei singoli spettacoli.

Carlo Boso ripercorre la storia della creazione nel 2010 della rete per un Nuovo Teatro Popolare Europeo. Sottolinea l'importanza di istituzionalizzare
i tre punti di contatto di tutte le strutture:
1) Formazione;
2) Creazione;
3) Diffusione.

Si inizia la discussione e ogni partecipante prende la parola.

Ogni realtà esprime la volontà a costituire questa rete, focalizzando il lavoro in diversi aspetti tecnici da portare a compimento:

1) Raccogliere i dati delle strutture presenti (Nello Costabile crea la scheda e Marco Rota, insieme al suo collaboratore, unisce tutti i dati creando un unico documento);

2) Concentrarsi sugli elementi in comune: formazione; creazione e diffusione;

3) Riattivare la funzione del SAT;

4) Segreteria comune;

5) Circuitazione degli allievi;

6) Trovare un *leader* (tramite del gruppo e in grado di veicolare aspetti tecnici, avere ottimismo ed empatia);

7) Iniziare il processo per avere in ogni Regione e Comune di competenza il patrocinio;

8) Rimettere in moto il processo per far riconoscere la Commedia dell'Arte come patrimonio dell'Umanità (UNESCO).

Null'altro essendo da discutere e da deliberare, l'organizzatore Marco Rota dichiara sciolta la riunione alle ore 18.45 previa stesura di verbale.   A cura di Serena Anzalone

Riflessioni post Convegno

Perché si dovrebbe realizzare a Bergamo quella Rete che, in Italia, non si è potuto realizzare prima?

Altri ci hanno provato a mettere intorno a un tavolo gli operatori della Commedia dell'Arte, con scarsi risultati. E allora perché riprovarci? Ambizioni personali? Forse. Lasciare un segno nella Storia? Forse. Realizzare un'opera? Forse. Frustrazione? Forse. Affermare: io esisto? Forse.

Una sola certezza: la Commedia dell'Arte esiste, resiste, insiste. E bussa per farsi aprire le porte!

Mi ha sorpreso la riflessione posta da Luisa Baldi e poi da David Anzalone sulla necessità da parte della Rete di avere un *leader*. Sorpreso mi interrogo: come un *leader*?

Nella nostra contemporaneità non facciamo che vedere *leader* all'opera, anzi si può dire che son proprio tempi di *leader* in eccesso rispetto alle idee.

Non vorremo, anche *noi Rete,* essere alla moda?

Ma poi penso a grandi *leader* come Ghandi, Madre Teresa di Calcutta, Nelson Mandela, Papa Bergoglio, e mi dico: "Certo, *leader* a questo livello fanno evolvere il pensiero e le buone pratiche, ma nessuno di loro è espressione di una Rete, sono *leader* per convinzioni personali interiori ".

Forse che queste riflessioni da parte di Luisa e David non derivino dal fatto che, visto che i nostri singoli apporti alla Rete come autori, registi, attori, organizzatori e progettisti non hanno grande forza e visibilità, abbiamo il bisogno di individuare un "comunicatore carismatico" in grado di sostenere il valore delle varie progettualità della Commedia dell'Arte?

Mi ricollego inoltre ad alcuni interrogativi pre-rete evidenziati nella proposta di David Anzalone, e aggiungerei: non è che solo per il fatto di pensare e agire in una Rete che le persone possono migliorare se le stesse persone che la compongono non si attivano e si responsabilizzano verso un'azione comune. Nella rete forse ci si può anche nascondere e lasciare che gli impegni se li assumano gli altri senza esporsi; in questo caso, associata alla inettitudine di tutti gli altri, l'idea di un *leader* può diventare pericolosa. Non è forse il caso di trovare, data la grande quantità di precisazioni personali e distinguo artistici di noi promotori di Rete, più che un "Grande Comunicatore", un "Grande Mediatore o Tessitore" che dir si voglia? La funzione della comunicazione all'esterno forse andrebbe risolta affiancando a un potenziale *leader* altre figure, trovando nella Rete stessa alcuni ambasciatori che possano relazionarsi presso i politici, gli Enti pubblici e privati e presso i mass-media.

Mentre la riunione è in pieno svolgimento e si parla di formazione, mi si insinua nella mente un rinnovato paradosso: tanto la formazione di un attore di Commedia dell'Arte ha in se un valore intrinseco considerevole, tanto sembra incapace di farsi apprezzare.

Nessuna formazione è così completa per l'attore, professionista o dilettante che sia. Essa comprende uno studio approfondito ed una pratica continua sul corpo, sulla parola, sul gesto singolo e collettivo, sull'acrobatica, sulla danza, sulla musica, sul canto. Ma è soprattutto sull'improvvisazione che propone un metodo di lavoro veramente qualificante per la recitazione. Eppure, tranne che per gli addetti ai lavori, è poco conosciuta e valorizzata.

Mi chiedo, infine, se non sia considerata un'arte inutile per lo spettacolo moderno televisivo; lo è sicuramente per le serie tv o per le fiction. A cosa serve tutta la preparazione dedicata al corpo se il corpo, in questi format, serve banale? Se la parola deve essere la più ovvia? Se i gesti devono essere quelli più standardizzati?

E' la capacità di improvvisare che valorizza la preparazione dell'attore? Ma per carità...essere bravi è una perdita di tempo dato che il pubblico, secondo questi canoni, non è in grado di discernere l'attore bravo da quello mediocre. Tutto deve essere il più banale possibile...attore e spettatore sullo stesso piano.

La formazione dell'attore? Roba d'altri tempi e inutile bagaglio.

E improvvisamente nella riunione si manifesta il più classico "coup de theatre". Viene avanzata un'interessante proposta sulla formazione, non sufficientemente evidenziata nel verbale finale.

Dico "coup de theatre", in quanto la proposta è stata avanzata da *un non addetto ai lavori*, il cui nome merita almeno di essere citato, Massimo Masserini, presente in qualità di partecipante al servizio di volontariato per la gestione del Convegno, il quale chiede il permesso di fare un intervento.

Avendo capito dalla nostra discussione, quanto sia importante per la formazione giovanile, e non solo per giovani attori, proprio questo tipo di formazione e di quanto sarebbe importante, per la nostra Rete, comunicare il valore di tale formazione all'esterno, cito testualmente *come se fosse una specie di "Erasmus della recitazione"*, suggerisce che RICDA si attivi per organizzare un circuito trasversale fra tutte quelle Compagnie o Organizzazioni che si occupano di Commedia dell'Arte, nel quale tutti i giovani interessati possano fare esperienza in un percorso condiviso, contribuendo, tra l'altro, anche praticamente alla realizzazione degli eventi.

Gaudium magnum!

La proposta viene subito fatta propria da tutti gruppi con l'intento di renderla operativa nel più breve tempo possibile e di farne il perno della comunicazione per far conoscere il valore della Commedia dell'Arte ad un pubblico giovanile.

Viene attivata immediatamente un'iniziativa, votata da tutti i presenti, destinata a dare concretezza operativa al progetto "Erasmus in Commedia".

Forse sarebbe il caso di accelerare i tempi, prima che i giovani si formino in altri modi…

Promotori R.I.C.D.A.
Schede di presentazione

Accademia del teatro in lingua veneta

Per una rinascita del teatro veneto è indispensabile la conoscenza, anzi la coscienza del passato, perché, come asserisce Bergson, una coscienza senza memoria dura il tempo di vita di una farfalla: "È destinata a nascere, morire e rinascere di nuovo, portando in volo una folgorante bellezza che però non possiede consapevolezza di se stessa. Per questo è necessario che ci sia il rispetto filologico, legato a un piacere della sottolineatura e dei ritmi recitativi che solo un attore, un regista, un drammaturgo veneti possiedono nei loro cromosomi" (da "Elementi per una storia del teatro veneto" di Gian Antonio Cibotto).

L'associazione Accademia del teatro in lingua veneta è l'unico organismo nazionale nel suo genere per la formazione di attori, registi e operatori del settore. È diretta da Luisa Baldi e si è costituita nel novembre 2010 dopo un periodo di messa a punto iniziato nel 2007 nell'ambito dell'Associazione Amici del Castrum di Vittorio Veneto. Ha il sostegno della Regione Veneto, della Provincia di Padova, del Comune di Padova e il patrocinio dell'Università di Padova. Scopo dell'Accademia è la valorizzazione e il recupero della drammaturgia veneta attraverso la realizzazione di progetti multidisciplinari inerenti la ricerca, la programmazione e la messa in scena di lavori teatrali.

Per quanto riguarda l'attività di formazione, dal 2008 a oggi sono stati realizzati 26 master per attori professionisti impiegando qualificati docenti provenienti dal mondo dell'università e del teatro. Nell'ambito delle produzioni, per corsisti si è creata un'opportunità di lavoro partecipando alle produzioni dell'Accademia del teatro in lingua veneta. Sono stati realizzati *I Bagni di Abano*, con la regia di Giuseppe Emiliani, *Le donne gelose*, per la regia di Carlo Simoni, *La*

bisbetica domata di Shakespeare in lingua veneta, su traduzione di Piermario Vescovo, in collaborazione con il Teatro Stabile di Verona. Di quest'ultima è stata realizzata anche una versione "leggera" adatta a luoghi non teatrali come le ville venete, le scuole e situazioni di piazza: *Quando do vampe de fogo...*, per la regia di Eleonora Fuser. Inoltre: *Due centimetri più alto del re* per la regia di Luisa Baldi, *SetNordEst*, per la regia di Toni Andreetta, *La Moscheta* di Ruzante, per la regia di Giancarlo Marinelli con Aristide Genovese e Carla Stella, *La gabbia* di Sarah Revoltella, *L'ultima magia de Giacomo Casanova venexian*, per la regia di Luisa Baldi, *Don Chisciotte* con Marco Zoppello e con la consulenza artistica di Carlo Boso.

L'Accademia del Teatro in Lingua Veneta ha partecipato, dal 2011 al 2015, alle cinque edizioni di TEATRO IN CORTE nell'ambito di RetEventidella Provincia di Padova, coinvolgendo fino a 19 Comuni della Bassa Padovana. Nel 2013 ha partecipato alla rassegna di prosa in lingua veneta TERRA NOSTRA (6 spettacoli) al Teatro Filarmonico di Piove di Sacco (PD). Ha inoltre vinto sia il I° che il II° Bando Biennale per la Scrittura di *"Corti teatrali in lingua veneta"* nel 2011 e 2013 (con il sostegno della Regione del Veneto, nel primo caso, con il patrocinio del Teatro Stabile del Veneto nel secondo). Dal 2010 al 2013 ha gestito il Teatro Goldoni di Bagnoli di Sopra (Pd) tramite convenzione con il Comune con l'organizzazione di regolare rassegna di prosa, di teatro per ragazzi, domeniche per famiglie, corsi e laboratori.

Da tre anni ormai l'Accademia del teatro in lingua veneta presenta a Padova la Giornata Mondiale della Commedia dell'Arte in collaborazione e con il sostegno della Regione del Veneto e del Comune di Padova e con il patrocinio dell'Università di Padova. La VI Giornata Mondiale della Commedia dell'Arte ha avuto come epicentro mondiale la città di Padova dal 24 febbraio al 1° marzo 2015. L'Accademia del teatro in lingua veneta ha proposto nuovamente Padova come epicentro mondiale della VII Giornata Mondiale della Commedia dell'Arte, realizzando una tre giorni, 25-27 febbraio 2016, nel centro storico di Padova (Piazza dei Signori, Piazza della Frutta e il Plateatico del Caffè Pedrocchi) con gli spettacoli del Padova Fringe Festival, spettacoli serali al Teatro Verdi o Ridotto, un master di Commedia dell'Arte con Carlo Boso e un *contest* studentesco tra le scuole del Veneto.

Si è conclusa anche la VIII Giornata Mondiale della Commedia dell'Arte che si è svolta nel centro di Padova venerdì 24, sabato 25 e domenica 26 febbraio 2017. Al Padova Fringe Festival hanno partecipato giovani compagnie sia italiane che straniere (Nizza e Galicia) mentre lo spettacolo serale ha coinvolto la nota attrice veneziana Nora Fuser in *Le favole del cunto*, introdotta da un'officina-laboratorio di Giorgio De Marchi, costruttore di
maschere e ideatore della scenografia dello spettacolo.

Dal punto di vista della collaborazione internazionale, l'Accademia ha tenuto una lezione-spettacolo a Cracovia nell'aprile del 2009 dello spettacolo *Ruzante* con Gabriele Fanti, Marco Luise, Laura Cavinato, Valerio Mazzucato,
Anna Tringali e con la partecipazione di Franco Holzer regia di Gabriele Fanti. Si è tenuta poi una replica nel 2015 a Lisbona con Bruno Lovadina come Ruzante. Nel 2015 è stato realizzato un incontro durante la VII Giornata Mondiale della Commedia dell'Arte con Hervé Feron, sindaco di Tomblaine, e a maggio ne è seguita una visita a Nancy per portare la Giornata Mondiale della Commedia dell'Arte anche in questa città e a Tomblaine (Francia). L'Accademia ha costanti rapporti con Carlo Boso e l'Academie Internationale Des arts du Spectacle di Parigi.

Dopo la positiva esperienza delle Giornate Mondiali della Commedia dell'Arte l'Accademia del teatro in lingua veneta si è posta come obiettivo la tutela e la promozione di questa forma di teatro nata in Italia e conosciuta in tutto il mondo. In attesa di situazioni logistiche reali è stata creata una pagina facebook, "La casa della Commedia", dove le associazioni e gli artisti di tutta Europa che hanno fatto della Commedia dell'Arte la loro ricerca possono far confluire informazioni sui loro programmi, spettacoli e corsi creando così una *community* sull'argomento. Il progetto ha come *testimonial* principale l'attore e regista Carlo Boso, grandissimo esperto di Commedia dell'Arte nel mondo. Al contempo stiamo attivandoci, con l'Università di Padova e la Consulta dei professori universitari italiani di storia del teatro, in collaborazione con l'Università di Bruxelles, per proporre tramite il Comune di Padova all'UNESCO la candidatura della Commedia dell'Arte a "patrimonio immateriale della umanità".

Luisa Baldi, Direttore artistico
Ada Marcantonio, Presidente
Recapiti: c/o ASI, P.le Stazione, 7
35131 Padova PD
tel.: 348/4238334 – 347/9756989
www.accademiateatroveneto.it
e-mail: direzione@accademiateatroveneto.it

Associazione Culturale Extravagantes

"Giovani per i giovani". Questa fu l'idea che, nel "quasi" lontano 2008, a Napoli, portò all'aggregazione di un gruppo di ragazzi poco più che ventenni accomunati dalla passione per le arti spettacolari.nacque in quel momento Extravagantes.

Provenienti dalle esperienze artistiche le più differenti (dal bel canto alle arti scenografiche, dal teatro alle arti plastiche e figurative alla coreutica), quei ragazzi cominciano un percorso di condivisione e arricchimento, focalizzato e mirato fin da subito alla messa in scena e alla proposta al pubblico di testi nuovi o rivisitati dal repertorio tradizionale.

Nato da una necessità intrinseca, il gruppo per la produzione dei primi lavori segue l'istintività propria della giovane età e si affida al talento dei singoli componenti. Il risultato è un *mélange* di spettacoli apparentemente in sequenza illogica. Si passa dal genere brillante inglese al lirico aulico del Poliziano, passando per la classicità di Shakespeare e Plauto fino alla contemporaneità della Comencini, Schmitt, e la comicità surreale di Lillo e Greg e Salemme. È questa l'epoca che vede anche la nascita della prima produzione drammaturgica autonoma: *Sogno mediterraneo* – ispirato ai racconti de *Le mille e una notte* e alle fiabe tradizionali di tutto il Mediterraneo con musiche originali composte appositamente per l'occasione ed eseguite dal vivo.

Da questa esperienza quinquennale, nel 2013, si ravvisa la necessità di una maggiore specializzazione delle competenze per fare fronte alle continue e differenti istanze. Così, assieme all'attività artistica, i soci mettono in piedi altre attività collaterali collegate al fulcro centrale, tra cui quello della divulgazione culturale, una redazione giornalistica e un centro di produzione e diffusione spettacoli e audiovisivi, portando a Napoli dopo anni di assenza il Festival Internazionale di Regia.

Molto attenti da sempre alla tradizione che non si radicalizza in un passato folklorico, gli Extravagantes pongono la propria attenzione alla Commedia dell'Arte, focalizzando sforzi e attenzione sul vasto e quasi inesplorato repertorio del Sud Italia. Nascono così spettacoli come *Qual è 'o mistero?– Sulle orme della maschera nera* e *Il Convitato di Pietra.*

È nel 2017 che organizzano la celebrazione della Giornata Mondiale della Commedia dell'Arte a Napoli e, grazie alla coordinazione di Enti Pubblici e privati, trova la degna sede nel prestigioso Teatro di Corte del Palazzo Reale in Napoli e l'intervento di Illustri Maestri del Calibro di Ferruccio Merisi, Claudia Contin Arlecchino, Carlo Boso e Ferruccio Soleri.

E per il futuro? Tante sono le iniziative in cantiere dall'allestimento di testi di nuova drammaturgia alla perpetuazione sul sentiero della sensibilizzazione alla Commedia dell'Arte e al suo ruolo nel panorama artistico meridionale. La ricerca del nuovo, del mai banale o scontato indirizza da sempre questo giovane gruppo che, con dedizione, è entusiasticamente motivato a dare il proprio contributo alla causa eterna e sacra dell'arte.

Dott. Antonio Gargiulo, Presidente e Fondatore
via Diocleziano, 18
80125 Napoli NA
tel.:   392/3306737
ass.extravagantes@gmail.com

A.I.D.A.S.
Accademia Internazionale delle Arti e dello spettacolo

Nicolò Carlo Boso, formatosi alla Scuola Superiore di Arte Drammatica del Piccolo Teatro di Milano, ha curato la regia di moltissimi spettacoli dei maggiori drammaturghi del Teatro della Riforma – Racine, *Andromaca* e *Britannicus*; W. Shakespeare, *La dodicesima notte, Macbeth, Sogno di una notte di mezza estate*; Goldoni, *Arlecchino servitore di due padroni, La vedova scaltra, La locandiera, Le baruffe chiozzotte*; Molière, *L'avaro, Les fourberies de Scapin, Tartufe, Don Juan, L'ecole des femmes*. È inoltre autore e regista delle opere teatrali *Teatro barocco, Il falso magnifico, Scaramuccia, La pazzia di Isabella, L'assedio della serenissima, La mascarade fantastique, Don Chisciotte, Don Quijote, Il trionfo di zanni* e altre ancora.

Nell'ambito del Teatro didattico: *Incontro con il teatro, Pubblic or not pubblic, La commedia de las commedias*. Ha diretto oltre 150 stage internazionali dedicati alla ricerca, alla pratica, alla trasmissione del patrimonio teatrale a oltre 500 professionisti provenienti da ogni parte del mondo e alla riscoperta e funzione dell'arte rappresentativa. Direttore artistico ai teatri: di Porta Romana, Milano; Tag Teatro di Venezia; Teatro Ariston di Treviso;Studio Thèatre de Montreal; Les Mèdièvales de Carcassone; Les Printemps des arts de Paris; Accademia Internazionale delle Arti e dello Spettacolo di Versailles; La Cour du Barouf di Avignone. È stato inoltre docente universitario di Storia del Teatro, Drammaturgia, Tecniche espressive alle Università Sapienza di Roma, Carlo Bo di Urbino, Università di Avignone, Università degli Studi di Siviglia, La Sorbonne Nouvelle di Parigi, l'Università del Quebec a Montreal. È docente all'Università Libre de Bruxelles Dipartimento di filosofia, Storia delle Arti e dello Spettacolo e co-Direttore dell'Accademia Internazionale delle Arti e dello Spettacolo di Versailles.

Accademia Internazionale delle Arti e dello spettacolo Versailles A.I.D.A.S.
20, rue Montbauron
78000, Versailles F
tel.: +33(0)184161496
administration@academie-spectacles.com

Centro Teatrale Senigalliese

Il Centro Teatrale Senigalliese nasce nel 2010 come struttura stabile e pubblica per un nuovo Teatro Popolare d'Arte.

Il C.T.S. si interroga sul concetto di "popolare" affinché si torni a percepire il teatro come "fatto culturale" complesso.

Come "specchio critico" della realtà. Come mezzo per valorizzare l'Essere Umano. Come motore politico per trasformare e migliorare la società.

1) Come luogo dove il popolo tutto possa compiere un suo rito collettivo prendendo coscienza e diventando protagonista del proprio tempo. Per questo, il C.T.S. ha scelto come modalità di lavoro e di formazione l'unione di due concetti inseparabili: Artigianato -cioè la creazione di un oggetto, frutto di un lavoro costante e privo di regole preconfezionate, fatto a mano o con semplici attrezzi e che ha un'utilità quotidiana- e Arte -cioè la creazione di un oggetto fatto perfezionando le tecniche creative allo scopo di ricercare la Bellezza-. Il Centro si occupa di Teatro Popolare in quattro direzioni:Formazione: nel C.T.S. è attiva dal 2011 una Scuola di Teatro che vuole dare strumenti concreti per affrontare il mestiere dell'attore. L'insegnamento si basa su una linea di ricerca che lega la Commedia dell'Arte al Teatro Contemporaneo e i suoi sviluppi nell'Antropologia Teatrale. Il percorso didattico si fonda su un approccio multidisciplinare e si struttura in diverse Sezioni dall'infanzia alla terza eta', dal Teatro Sociale alla Commedia dell'Arte fino ai workshop d'alta formazione.

2) Produzione: il C.T.S. produce spettacoli della Cantina Rablé, compagnia di teatro popolare interregionale che da gennaio 2016 ha attivato ben 10 posizioni contrattuali. La compagnia ha avuto l'onore di avere la regia del

Maestro Carlo Boso per il suo secondo spettacolo: un riadattamento molto particolare dell'"Arlecchino Servitore di due Padroni". Lo spettacolo ha debuttato l'11 e il 12 febbraio 2016 al Teatro La Fenice di Senigallia (650 posti) con un duplice "tutto esaurito" ed è stato subito invitato alla prestigiosa Giornata Mondiale della Commedia dell'Arte svoltasi a Padova il 25 febbraio col Patrocinio dell'UNESCO.

3) Diffusione: oltre a progetti di "Teatro Quartiere", Teatro Sociale, Teatro per le Scuole e Reading Teatrali, nel 2014 si è svolta la prima edizione del Bacaja'! Festival Internazionale del Teatro Popolare. Il Festival, tramite percorsi formativi e spettacoli, è un dove si incontrano i più grandi maestri e le migliori compagnie del Teatro Popolare Europeo.
Hanno collaborato Maestri come Carlo Boso, Claudia Contin, Elena Serra e Michele Monetta. Sono stati ospitati artisti del calibro di Leo Bassi, Paolo Nani, Ugo Dighero, Titino Carrara. Compagnie quali Stivalaccio Teatro, Teatro Picaro, I Nuovi Scalzi, Il Carro dei Comici.

4) Ricerca: è disponibile nel Centro, aperta a tutti e gratuita, un biblioteca con 700 volumi riguardanti le arti sceniche.

Il Centro è diretto da David Anzalone, attore, autore e regista teatrale.

Centro Teatrale Senigalliese
Piazza Garibaldi, 1
60019 Senigallia AN
cell. +39 331 2364307
www.centroteatralesenigalliese.it
info@centroteatralesenigalliese.it

FratelnalCompagnia

FraternalCompagnia è mutuato dal più antico testo notarile ritrovato, ove si sancisce la nascita di una compagnia teatrale italiana. Questo atto pubblico di costituzione (Padova, 25 febbraio 1545) segna simbolicamente l'inizio del teatro professionale, ossia la Commedia dell'Arte, laddove il termine "arte" derivava da "artigiano", colui che compie un "mestiere", e rappresenta per i fondatori una sorta di *liaison* spirituale con l'esperienza antica.

FraternalCompagnia è il titolo del primo spettacolo realizzato nel 2000 a seguito di un laboratorio rivolto a studenti interessati al teatro e *homeless*; un'idea di Massimo Macchiavelli che, già dai primi anni Novanta, insegna recitazione presso i laboratori teatrali del CIMES – Centro Interfacoltà Musica e Spettacolo dell'Università di Bologna.

Durante questo periodo conosce, tra gli altri, Claudia Contin, con cui stabilisce un rapporto duraturo, Ives Lebreton, Gilles Coullet, Bogdan Jerkovic e Joanna Lopez, nonché Tania Passarini, insieme alla quale fonda tre anni dopo l'associazione.

Questo primo laboratorio e spettacolo dà vita anche a un video documentario, e grazie a questo primo lavoro il Siulp – Sindacato Italiano Unitario Lavoratori Polizia commissiona al neonato gruppo un nuovo spettacolo in cui poliziotti e senza dimora calcano la scena insieme. Nasce così *Senza dimora in centrale*, ispirato al lavoro di De Filippo, che circuita nei teatri più importanti di Bologna aprendo le porte della città alla Compagnia. Da questo momento inizia una fase di grandi progetti tra teatro e sociale seguendo la metodologia del primo laboratorio, cioè unire persone interessate al teatro a persone con problemi di disagio sociale, e una lunga fase di ricerca e sperimentazione riguardante la Commedia dell'Arte. Tra le esperienze di maggior successo di questi anni: *Godot*, dove insieme a Estragone e Vladimiro, durante il loro sonno, prendono vita due omonimi zanni, altrettanto efficaci interpreti del noto testo teatrale in parte qui riadattato.

La rassegna "Mangiafuoco è ancora vivo", promossa dal Comune di Bologna, porta un'ulteriore novità: la maschera in cuoio. Sino a quel momento autodidatta nella realizzazione di mezze maschere in cartapesta, Tania Passarini apprende ora l'arte del cuoio da Giorgio De Marchi, per affinarla negli anni successivi con Donato Sartori e Stefano Perocco. Sempre in questi anni l'organizzazione di un Convegno raccoglie numerosi artisti che si esibiscono e si dedicano alla formazione all'interno della Scuola di Teatro Louis Jouvet e contribuiscono a una prima pubblicazione curata da Massimo Macchiavelli, *Arlecchino Grigio*.

Nel 2009 la Compagnia diviene affiliata SAT, associazione che si occupa di raccogliere una rete di professionisti del settore e che promuove il 25 febbraio 2010 la Prima Giornata Mondiale della Commedia dell'Arte, di cui FraternalCompagnia diviene prima organizzatrice a Bologna; tra gli invitati Carlo Boso, Antonio Fava, la compagnia francese *Têtes de Bois* e numerosi altri artisti e mascherai di Commedia, sette Istituti Superiori e l'Accademia di Belle Arti di Bologna. La giornata avrà immediata risonanza mondiale toccando ogni continente grazie alla dedizione del Presidente Luciano Brogi e al collaboratore statunitense Matthew R. Wilson; a essa seguiranno ulteriori seminari tenuti da Michele Monetta e Tommaso Bianco.

Parallelamente il lavoro in ambito sociale vede la messa in scena di un testo dedicato al tema dell'olocausto nucleare, *Mio Padre*, dello scrittore giapponese Hisashi Inoue, che vince il Premio Enriquez 2012 – Città di Sirolo come miglior compagnia per una comunicazione sociale e civile, miglior attrice, miglior attore, miglior regia e miglior drammaturgia straniera.

Hisashi Inoue, conosciuto diversi anni prima e venuto a mancare nel 2010, aveva parlato del lavoro della Compagnia in una pubblicazione, dando inizio a un rapporto continuativo con il Giappone. Nel 2011 la Compagnia è ospite del Prof. Sasaki Masayuki – promotore del Cultural Diversityand Networking Creative Cities UNESCO in Japan –, interessato al lavoro della compagnia in ambito sociale; nel 2015 Takada Kazufumi, ricercatore e studioso di cultura e teatro italiano,   la Compagnia in terra nipponica presso i maggiori teatri e Università del Paese. Inizialmente è il Dottor Balanzone, celeberrima maschera bolognese, a conquistare il Sol Levante, con lo spettacolo *Sproloqui e Viaggi del Dottor Balanzone* frutto della collaborazione con Romano Danielli, burattinaio, attore e regista, grande cultore della tradizione dialettale della città. L'ultima tournée, a dicembre 2016, in collaborazione con l'Istituto Italiano di Cultura di Tokyo e l'IIC di Osaka, è caratterizzata da corsi di alta formazione, mostre di maschere di Commedia dell'Arte e la partecipazione a Luminarie di Kyoto. Altre tournée sono state realizzate in Francia, Spagna, Turchia, Polonia.

Dal 2016 prende il via *RI-GENERAZIONI* – La Commedia dell'Arte dal Rinascimento al XXI secolo per le nuove generazioni. L'obiettivo del progetto è la professionalizzazione di attori nell'ambito della Commedia dell'Arte con la formazione di giovani gruppi; è in quest'ambito che lo spettacolo *Cyrano – L'ultimo Capitano* vince il Primo Premio al Festival Incorto Teatrale di Roma e il Premio del Pubblico al Poverarte Festival di Bologna.

Attualmente, grazie alla Regione Emilia-Romagna, che dal 2003 sostiene in modo continuativo i progetti di diffusione di Commedia dell'Arte, al bando della Legge 13, che sostiene i principali teatri del territorio, al Settore Promozione Cultura all'Estero della RER alla Fondazione del Monte, che ha partecipato alla ristrutturazione di uno spazio pubblico assegnato dal Comune di Bologna denominato Cava delle Arti.

FraternalCompagnia continua a promuovere la formazione e la professionalizzazione delle giovani generazioni con attenzione particolare rivolta agli scambi interculturali. La coproduzione con la compagnia francese Saturne Pas Ronde ha dato vita allo spettacolo *Capitan Fracassa*, il cui primo *work in progress* è stato presentato ad aprile 2017 all'Università Sorbonne Nouvelle Trois di Parigi e vedrà la distribuzione nelle scuole, con un progetto didattico formativo, bilingue nel 2018-2019. Nel 2018 verrà inoltre promosso lo spettacolo *Il Barbiere di Siviglia* in occasione del centocinquantesimo centenario della morte di Gioachino Rossini, assieme al *Don Giovanni*, ispirato all'opera monumentale di Giovan Battista Andreini di recente ritrovamento, e a *Capitano Oh mio Capitano*, istrionico percorso dedicato a uno dei principali caratteri di Commedia.

La Commedia dell'Arte ha l'incredibile caratteristica di rendere accessibile a tutti gli argomenti e i testi di cui si impadronisce, in un turbinio di maschere, d'imbrogli e di risate. I personaggi disegnati a tratti come se fossero usciti dai fumetti permettono di avvicinare ogni tipo di pubblico modernizzando ogni situazione. Con questo spirito FraternalCompagnia, o meglio la Commedia dell'Arte, abbraccia e "tradisce" le opere tradizionali per celebrare con irriverenza la loro immortalità e la propria.

Scuola di Teatro Louis Jouvet, Cava delle Arti
Via Cavazzoni, 2/g
40139 Bologna BO
www.fraternalcompagnia.it

La Mansarda Teatro dell'Orco

La Mansarda Teatro dell'Orco è una Compagnia di Produzione, Promozione e Ricerca Teatrale. Nasce nel 1992 come Compagnia di Teatro per le Nuove Generazioni, con l'intento di confrontarsi con un pubblico critico e attento quale quello dei bambini avvezzi al gioco, in grado di comprendere il linguaggio teatrale senza stereotipi e condizionamenti sociali.

Nel corso degli anni, forte di questa esperienza, estende il suo interesse allo studio del rapporto tra Pubblico ed Evento Teatrale, ponendo al centro della sua ricerca la relazione attore-spettatore, ispirandosi a quelle correnti di ri-teatralizzazione dei primi anni del Novecento, e in particolare alle figure di registi e pedagoghi quali Vsevolod Meyercold, Jaques Copeau e Anton Giulio Bragaglia.

Da qui il suo interesse per il Teatro Popolare e lo studio della teatralità nelle forme sceniche del passato, che affondano le proprie radici nell'incontro con il rito e la festa, quali

- il Teatro Classico
- le Sacre Rappresentazioni Medioevali
- il Teatro Elisabettiano
- il Teatro Spagnolo del Secolo d'oro
- la Commedia dell'Arte

affrontati come materia viva e punto di partenza per una ricerca continua e mai compiuta che si fonda sull'esigenza di condividere con il pubblico la rappresentazione, in un rapporto necessario che si realizza nel dialogo fra chi agisce e chi è partecipe.

Fortemente radicata sul territorio, la Compagnia collabora con il Teatro Comunale di Caserta, il Teatro Ricciardi di Capua, l'Auditorium Caivano Art, il Teatro Modernissimo di Telese, l'Oasi del WWF del Bosco di San Silvestro e il Comune di Pollica (SA), organizzando Rassegne di Teatro per le Famiglie e per la Scuola, Festival di Teatro Ragazzi, Rassegne di Teatro Contemporaneo. Inoltre dirige un Centro Studi sulla Tradizione della Maschera Teatrale in Campania, con sede in Capua (CE). Grande rilievo viene dato all'attività pedagogica. Oltre ai numerosi laboratori nelle Scuole di ogni ordine e grado e i Corsi di Aggiornamento per i docenti, la Compagnia ospita nella propria sede un atelier di animazione teatrale e attività creative rivolto all'infanzia e un Laboratorio Teatrale Permanente, teso alla formazione di giovani attori da inserire nel proprio organico, integrando l'offerta formativa con *stage*, *workshop* e seminari condotti da docenti di fama internazionale.

Partecipa a prestigiosi Festival nazionali e internazionali, come

- il Festival "I Teatri del mondo" di Porto Sant'Elpidio (AP)
- il Festival Settembre al Borgo (CE), Leuciana Festival (CE)
- il "Festival Nazionale di Teatro per Ragazzi di Padova"
- il "Festival Nazionale Teatro Pinocchio" di Salerno
- la vetrina di teatro del mezzogiorno Angeli a Sud (NA)
- il Mirabilis Festival di Cuma (NA)

Nel corso della sua attività riceve numerosi premi e riconoscimenti in vari settori, dalla drammaturgia agli spettacoli allestiti e alla qualità degli attori impegnati nelle proprie produzioni. Come progettualità per gli anni a venire, la Compagnia si propone, oltre a consolidare le proprie attività, di sviluppare la sua ricerca sul teatro popolare, con particolare riguardo alla Fabula Atellana, antica forma di teatro in maschera fortemente connessa al nostro territorio e vero archetipo di teatro popolare. Una particolare citazione va fatta per un'attività di rilievo tra quelle della Compagnia: il Festival Di Maschera In Maschera, che giunge quest'anno alla sua VIII edizione, nato nel 2009 in occasione del quattrocentesimo anniversario dell'introduzione della maschera di Pulcinella sulle scene a opera del Capuano Silvio Fiorillo, in seno al più ampio progetto del Centro Studi per la diffusione e la promozione della Maschera Teatrale in Campania.

Via Caprio Maddaloni 158/166
81100 Caserta CE
Tel. 0823/343634 – Fax 0823/283709
www.lamansarda.com
lamansarda@lamansarda.com

Nello Costabile

Dopo aver partecipato come allievo-attore agli spettacoli del Piccolo Teatro Cosentino (compagnia amatoriale e semi-professionale), nel 1971 ho deciso di trasferirmi a Parigi, per continuare e approfondire il mio "apprendistato" teatrale. Da quel momento ho avuto la fortuna di avere "incontri con maestri straordinari", che avranno conseguenze importanti sulla mia formazione.

A Parigi ho potuto seguire il lavoro di Peter Brook e del CIRT (erano gli anni di *Orghast, Kaspar* di P. Handke, *Timone d'Atene* di Shakespeare e *Les Iks* da C. Turnbull) e Arianne Mnouchkine e del Théâtre du Soleil (erano gli anni di *1789, 1793, L'age d'or*). Proprio durante la preparazione di *L'age d'or* ho avuto il mio primo approccio con la maschera e da allora lo studio della maschera non mi ha più abbandonato.

Da Brook ho appreso a cercare nel lavoro teatrale la più alta verità e la semplicità più creativa, che si può apprendere solo allontanandosi dai modelli stereotipati per trovare l'essenziale e arrivare a un teatro di *forme semplici*, nel quale ognuno apporta il suo mondo. Dalla Mnouchkine ho appreso, innanzitutto, il senso del lavoro corale, l'importanza del lavoro di gruppo, ma anche le possibilità che offrono il lavoro con la maschera anche nella formazione dell'attore.

Nel 1974, per la RAI, ho recitato la maschera del Calabrese, ovvero di Giangurgolo, assente dalla scena dal 1650, per il regista televisivo Enrico Vincenti, che stava realizzando una serie di cortometraggi sulle origini regionali delle Maschere della Commedia dell'Arte. Nello stesso anno interpretai la maschera anche nello spettacolo *Bertoldo a corte* di Massimo Dursi, regia di E. Vincenti, per il Progetto Teatro/Scuola, promosso dalla Casmez e dal Comune di Cosenza. Grazie agli studi e alle ricerche sviluppati negli anni sulla maschera di

Giangurgulo e del suo ruolo nella Commedia dell'Arte, sono riconosciuto come esperto di questa maschera.

Nel 1975 ho incontrato l'Istitut Aktora Teatrum-Laboratorium di Wroclaw,diretto da Jerzy Grotowski, alla Biennale Teatro di Venezia. Dopo un incontro personale con Grotowski, fui invitato a partecipare al "Progetto speciale Jerzy Grotowski", lavorando con Ludwik Flaszen, direttore letterario dell'Istituto allo *stage* "Meditazione ad alta voce". Nella primavera del 1976a Milano presso il CRT – Centro di Ricerca Teatro lavorai, sempre con Flaszen, in uno *stage* dallo stesso titolo. Da Grotowski ho appreso il rigore, la disciplina, la ricerca della verità nel lavoro teatrale e l'importanza del lavoro sulle azioni fisiche, e che la tecnica è un mezzo e non un fine.

Sempre nel 1975 ho incontrato il Living Theatre, stabilendo un rapporto professionale e di amicizia profonda con Julian Beck e Judith Malina. Fui, infatti, delegato dalla Compagnia all'organizzazione della loro *tournée* nel sud Italia e in particolare all'organizzazione di un progetto speciale nel 1976 a Cosenza denominato "Progetto di contaminazione urbana", al quale partecipò anche la Comuna Baires, importante compagnia argentina. Da Julian Beck e Judith Malina ho appreso l'importanza della responsabilità sociale del teatro, della sua relazione con la vita quotidiana delle persone e del suo ruolo critico nella società. E, inoltre, dell'improvvisazione, dell'espressione corporea corale, del canto rituale, della biomeccanica nel lavoro dell'attore. Ho appreso, soprattutto, a vivere il teatro come un'avventura, un viaggio in se stessi e nella società.

Oggi il mio lavoro è orientato sulle relazioni trasversali tra le discipline della scena: teatro di figura, maschera, lavoro gestuale, arti visive, musica nelle sue varie forme.

Parallelamente al mio lavoro di regista, ho sviluppato, sin dall'inizio della mia carriera, un lavoro di formazione per allievi professionisti, ma anche per docenti e studenti delle scuole. Contemporaneamente ho svolto un lavoro di gestione e di direzione di compagnie, di teatri e di festival.

Nel 1975 ho fondato il Centro RAT (Centro di Ricerche Audiovisive e teatrali) che diventerà poi Teatro stabile d'innovazione, la prima compagnia professionale della Calabria, della quale sono stato anche direttore artistico fino al 1979. Nel 1979 sono stato nominato dal Comune di Cosenza direttore artistico del Teatro Comunale "A. Rendano", teatro di tradizione lirica. Dal 1981 al 1987 ho diretto il CTC-Consorzio Teatrale Calabrese, Teatro Stabile a gestione pubblica della Calabria. Dal 1994 a oggi ho curato la direzione del Centro Teatro Calabria, teatro d'arte per le giovani generazioni e l'area del disagio, e svolgo la mia attività professionale oltre che in Italia anche in Francia dove tra l'altro a Lione, dal 2004 al 2008, ho diretto il Théatre de l'Oseraie.

Nel corso degli ultimi dieci anni ho sviluppato un rapporto di conoscenza e di lavoro con *network* teatrali europei che mi permettono oggi di poter coordinare e dirigere progetti internazionali. Infatti sono stato:

- coordinatore artistico di *EROA Project*, finanziato dalla UE-EACEA. Il progetto aveva per obiettivo il rafforzamento della cooperazione nel campo della formazione e della creazione nelle arti dello spettacolo in Germania, Bulgaria, Grecia, Italia (2010/2012).

- direttore artistico della Residenza Multidisciplinare per le Arti performative "Le arti del gesto", presso il Teatro Comunale di Cotronei (KR), progetto triennale finanziato dalla UE – FESR (2012/2014). Il progetto aveva per obiettivo uno scambio fra artisti di Italia, Austria, Francia, Cuba, Indonesia (Bali) sulla creazione nelle arti della scena. In particolare sulla maschera nella Commedia dell'Arte e nel *Topeng* balinese, con la partecipazione di Carlo Boso,

Ferruccio Soleri, I Made Djmat, Enrico Masseroli, Mariela Brito e Nelda Castillo.

- direttore artistico del festival "L'Arte del gesto – Trasversali della creazione artistica", unico festival internazionale di arte performativa nel sud Italia. Ideato e organizzato in collaborazione con il Comune di Santa Severina (KR), sostenuto dalla Provincia di Crotone e la Regione Calabria. Il festival ha esplorato la trasversalità delle arti dello spettacolo, accogliendo i migliori artisti europei della ricerca più radicale nel teatro, nella musica sperimentale, nella danza.

Attualmente sto lavorando alla realizzazione del progetto "Accademia Internazionale delle Arti del Gesto", scuola di specializzazione nelle arti dello spettacolo e scuola di formazione per artisti disabili. La sede è stata messa a disposizione dal Comune di Cosenza, che è anche partner istituzionale.

Nello Costabile
Via Samuele Tocci, 2
87100 Cosenza CS
c/o Beaufils – 10, Avenue Charles De Gaulle
78230 Le Pecq
www.imagatheatre.com
direzionectr@gmail.com - imagatheatre@gmail.com

Teatro Viaggio

Fin dalla sua nascita, Teatro Viaggio si caratterizza per la sua visione di considerare il teatro come luogo d'incontro privilegiato fra persone che condividono uno spazio. Tale spazio è attraversato dagli attori e contemporaneamente dagli spettatori che in alcuni momenti particolari possono anche interagire, modificando con le loro emozioni, ma anche con le loro azioni, lo svolgimento dell'evento teatrale.

Prima con il Teatro per Ragazzi, poi con l'Animazione teatrale ed ultimamente con la Commedia dell'Arte, lo spettatore gioca un ruolo di co-protagonista dello spazio scenico. Da ultimo, Teatro Viaggio si pone il problema della funzione stessa del Teatro e propone la sua visione della necessità di un Teatro Sostenibile per l'attore e per lo spettatore, basato, più che sulla letteratura, sulla condivisione di un percorso che " accade" proprio in quel luogo e fra quelle persone fisicamente presenti.

Produzione di spettacoli per adulti

L'attore sul tappeto con cui partecipa nel 1977 al Festival Incontro-Azione di Palermo ed ad Ottobre al
Festival del Mimo a Parigi .
Presenze in collaborazione con Luc Fritsch
Ah il Teatro.
Le donne cantavano e cantano.
Storie Volanti in collaborazione con Luciano Ravasio.
Folias in collaborazione con l'ensemble Diletto Musicale.
La Pazzia Senile di Banchieri in collaborazione con il gruppo Fontamara di Torino.
Le dame del signor Duca in collaborazione con il gruppo Passemezzo.

Commedia dell'Arte

Zanni & Lazzi.
Gli Zani: conferenza all'improvviso.
Zani padrone di se stesso.
Filtri di vini.
Cinque personaggi e l'autore/ Filtri di vini.

Produzioni di spettacoli per bambini e ragazzi

Il Cavaliere senza sorriso.
La Fiaba dei colori.
Mowgli ragazzo della Jungla.
Vola Vola Peter Pan.
Coccodrilli a colazione dal libro omonimo di E. Nava.

Commedia dell'Arte per bambini e ragazzi

Storia di Zani bergamasco e di Arlecchin servidore.
L'invisibile Luigino e le Maschere.

Corsi e Laboratori

Realizzazione (dal 1974) di oltre 50 fra corsi, laboratori, stage nazionali ed internazionali.
Realizzazione (dal 1974) di oltre 50 corsi di animazione teatrale in Scuole di ogni ordine e grado.

Organizzazione

Organizza per la prima volta a Bergamo la rassegna di Teatro per ragazzi nel 1975.
Introduce sul territorio di Bergamo la novità dell'animazione teatrale nelle scuole 1974.

Organizza vari cartelloni teatrali per adulti a Bergamo.
Organizza dal 1978 varie manifestazioni di ospitalità teatrale per l'associazione Laboratorio 80

In collaborazione con Antiche Maschere dell'Arte Associazione organizza:
2002 Convegno internazionale in collaborazione con Università di Bergamo " Zani, Mercenario della piazza europea"
Dal 2005 al 2015 Festival internazionale di Commedia dell'Arte " Zani et Arlichini"

Marco Rota
Via Maj, 24
24121 Bergamo BG
Tel/Fax 0039 035 22 50 47
www.teatroviaggio.it
teatroviaggio@libero.it

Thèatre de la Semeuse

Il Théâtre de la Semeuse è stato fondato nel 1904 nel centro storico di Nizza. Nel 2002 il teatro ha acquisito il Centro Culturale della Provvidenza e dispone di due sale da 100 posti.

Dal 2014 il Théâtre de la Semeuse organizza un festival internazionale di Commedia dell'Arte.

Da oltre 10 anni il Théâtre de la Semeuse lavora nel campo della Commedia dell'Arte e del teatro popolare. Frédéric Rey, che ha seguito gli insegnamenti di Carlo Boso e di altri professori, ha organizzato numerosi spettacoli. Ha reinterpretato la storia locale di Nizza facendoli giocare degli archetipi della Commedia dell'Arte.

La Semeuse ha messo in scena lo spettacolo *Catarina Segurana, o la vera storia della Battaglia di Nizza nel 1543*, ancor oggi di grande richiamo, *L'Uccello Belverde*, il *Re Cervo* di Carlo Gozzi, *Il barbiere di Siviglia* di Beaumarchais e *Rita* di Gaetano Donizetti.

Il Teatro si occupa anche di educazione popolare, organizzando teatri, danze e musiche per amatori e professionisti. Numerosi attori professionali lavorano oggi per il teatro e La semeuse si è specializzata soprattutto nella Commedia dell'Arte. Attualmente *Il viaggio meraviglioso di Marco Polo*, diretto da Frédéric Rey, viene rappresentato si in francese che in italiano.

Il teatro è attualmente sostenuto economicamente dalla Città di Nizza, dal Dipartimento delle Alpi Marittime e dalla Regione Provenza-Alpi-Costa Azzurra. Il Théâtre de la Semeuse è membro dell'Unione Europea Nuovo Teatro Popolare. Oggi la sua volontà è di lavorare a stretto contatto con gli artisti del Mediterraneo e soprattutto con l'Italia e la Spagna. Nel giugno del 2018, il Théâtre de la Semeuse organizzerà la IV edizione del Festival Internazionale della

Commedia dell'Arte, che si svolgerà in diversi luoghi culturali di Nizza: il Teatro Nazionale, il Théâtre de la Semeuse, il Centre Culturel de la Providence.

Théâtre de la Semeuse
2 montée Auguste Kerl
06300 NICE F
www.lasemeuse.asso.fr – www.commedia-nice.com

Marco Rota

Unione Europea Nuovo Teatro Popolare (U.E.N.T.P.)

Non so quali tentativi siano stati fatti in Europa prima che nell'ottobre 2010, a Reus, venisse stilato il "Manifesto di Reus". Ho creduto opportuno, a distanza di sette anni, rendere omaggio alle persone che lo hanno redatto e promosso e fare in modo che ne rimanesse traccia.

In un recente passato abbiamo tentato di tradurlo in azioni concrete attraverso la fondazione dell'Unione Europea Nuovo Teatro Popolare (U.E.N.T.P.). che in questi anni ha cercato di riunirsi e darsi una struttura associativa transnazionale.

Il futuro lo stiamo scrivendo.

Manifesto di Reus, 23 ottobre 2010

Per un Nuovo Teatro Popolare

Noi ci associamo, forti delle nostre diversità, delle nostre specificità e dei nostri differenti mezzi d'azione, per favorire la realizzazione degli obiettivi enunciati nel presente manifesto che ha per vocazione di rifondare la nozione di teatro popolare, storicamente associata ai valori di cittadinanza e di coesione dei pubblici.

Il nuovo teatro popolare valorizza la trasmissione di forme ereditate dalla tradizione, ciò significa:

- il rispetto dello spettatore sia come destinatario sia come committente dell'evento teatrale;
- l'attenzione verso il lavoro dell'attore, al centro della rappresentazione;
- la ritualizzazione degli spazi.

In un contesto di multiculturalismo e di interdisciplinarietà, il nuovo teatro popolare prende in conto l'umanità nella sua dimensione universale.

In quanto parte della creazione teatrale noi ci impegniamo a:

- riaffermare il ruolo dello spettacolo dal vivo nella società e nella politica culturale delle Nazioni;
- riaffermare il ruolo dello spettacolo dal vivo nello sviluppo dei processi democratici;
- sottolineare la necessità di un'azione prioritaria di ricerca e di formazione nel settore dello spettacolo dal vivo;
- favorire la produzione, la circolazione e la diffusione di spettacoli.

In questo senso, noi enunciamo i diritti e i doveri degli operatori culturali:

- dare all'attore il suo posto di co-autore dell'atto rappresentativo a fianco dello spettatore;
- investire, oltre agli spazi tradizionali, nuovi spazi di programmazione teatrale;
- intervenire e condurre azioni in ambito scolastico, accademico e scientifico;
- favorire le azioni di ricerca, di formazione e di creazione a livello locale, nazionale e internazionale;
- creare legami con tutti gli altri settori culturali;
- stabilire, con tutti i mezzi, il dialogo critico fra l'attore e lo spettatore;
- sviluppare ogni tipo d'intervento verso i "non-pubblici", preservando il livello di esigenza e di indipendenza del lavoro di creazione;
- rispettare e valorizzare le tradizioni e le espressioni di differenti culture;
- garantire l'indipendenza degli operatori culturali in rapporto ai poteri pubblici;
- rendere conto ai rappresentanti della società civile delle azioni intraprese;
- ricercare finanziamenti sotto qualsiasi forma per ridurre gli ostacoli economici e finanziari legati all'accesso al teatro.

Hanno partecipato all'elaborazione di questo manifesto:

o Fernando Balestra, sovrintendente della Fondazione Inda – Istituto Nazionale del Dramma Antico, che organizza il Ciclo di rappresentazione classiche del Teatro Greco di Siracusa (Italia);

o Maria Paola Benedetti e Gian Carlo Cioppi, organizzatori del Festival Le Regioni del Teatro di Gradara di Pesaro (Italia);

o Carlo Boso, direttore dell'Académie Internationale des Arts du Spectaclee direttore artistico del Festival Le Printemps des Arts a Parigi;

o Filipe Crawford, direttore del Festival Internacional de Mascaras e Comediantes Lisbona (Portogallo);

o Lluis Graells, direttore del Festival de Mimo y Teatro Gestual – COS de Reus (Spagna);

o André Helbo, presidente della sezione Arti dello Spettacolo dell'Università Libera di Bruxelles (Belgio);

o Jenny Nordlund, direttrice del Festival internazionale di teatro MASQUE organizzato dalla compagnia teatrale Teatteri Metamorfoosi di Helsinki (Finlandia);

o Leonardo Petrillo, direttore artistico del Carnevale di Roma Italia);

o Marco Rota, direttore del Festival Zani et Arlichini di Bergamo (Italia);

o David Sanz ed Eva Del Campo, direttori artistici del Festival International del Arte Della Commedia ad Alcala' de Henares – Madrid (Spagna);

o Yohan Turbet Delof, direttore degli Affari culturali di Versailles, per il festival Le Mois Molière (Francia).

Documenti ufficiali riunioni U.E.N.T.P.
dalla pagina seguente.

 **VERSAILLES**

RENCONTRES EUROPEENNES DU NOUVEAU THEATRE POPULAIRE

Versailles, du 27 mai au 1er juin 2012

Signataires :

- **Fernando Balestra,** directeur du Festival de Théâtre Grec de Syracuse (Italie)
- **Maria Paola Benedetti** et **Gian Carlo Cioppi**, directeurs du festival Le Regioni del Teatro di Gradara de Pesaro (Italie)
- **Jean-Charles Birotheau**, directeur du Festival international de théâtre universitaire d'Angers (France)
- **Carlo Boso**, directeur de l'Académie internationale des Arts du spectacle (France)
- **Nello Costabile**, directeur du festival Le Arti del gesto de Cotronei (Italie)
- **Felipe Crawford**, directeur du Festival Internacional de Lisbonne (Portugal)
- **Françoise Decroisette**, professeur émérite à l'Université Paris 8 (France)
- **Greg Germain**, président de l'association Avignon Festival et Compagnies - Festival Off d'Avignon (France)
- **Lluis Graels**, directeur du Festival de Mimo y Teatro Gestual - COS de Reus (Espagne)
- **André Helbo**, président du département Arts du spectacle vivant à l'Université libre de Bruxelles (Belgique)
- **François de Mazières**, député-maire de Versailles, et **Yohann Turbet Delof**, directeur des Affaires culturelles de Versailles, pour le festival Le Mois Molière (France)
- **Jenny Nordlund**, directrice du festival international Masque d'Helsinki (Finlande)
- **Leonardo Petrillo**, directeur du Carnaval de Rome (Italie)
- **Marco Rota**, directeur du Festival Zani e Arlichini de Bergame (Italie)

Observateurs :

- **Frédéric Rey**, directeur du Théâtre de la Semeuse, Nice (France)
- **Anne Céron**, présidente de l'association Des jeunes et des lettres (France)
- **Giulia Filacanapa**, Université Paris 8 (France)

CONCLUSIONS

En rédigeant et publiant en octobre 2010 le Manifeste de Reus (Espagne) pour un Nouveau Théâtre Populaire, douze festivals européens se sont engagés collectivement pour rappeler le rôle central du théâtre dans la construction des processus démocratiques, des solidarités territoriales et des valeurs universelles.

Ils défendent des formes artistiques et événementielles garantes de la proximité entre l'acteur et le spectateur et de leurs rôles respectifs dans la représentation, insérant par tous les moyens le théâtre au cœur du quotidien et de la cité, représentant les diversités culturelles et créant des interactions artistiques et sociales. Ces formes s'inscrivent de fait dans un processus qui fait de l'action représentative un élément moteur des dynamiques urbaines et citoyennes.

A l'heure actuelle, le changement parfois radical de conjoncture économique et politique en Europe et dans le monde oblige les structures culturelles à reconsidérer leur fonctionnement et à s'adapter aux contraintes des contextes locaux et nationaux.

Pour autant, les principes du Manifeste de Reus restent valides et l'ensemble des participants confirme la nécessité de continuer à les porter. Ils mettent en exergue le besoin impérieux de promouvoir les diversités culturelles et l'importance du jeu collectif qui établit leur lien aux luttes et valeurs universelles. Ils rappellent l'interaction indispensable entre l'acteur et le spectateur et la nécessité d'un théâtre de troupe pouvant être présenté en tout lieu. Ils affirment son rôle indispensable dans le développement démocratique de notre société et la nécessité de l'interdisciplinarité et du soutien à la formation et à la recherche.

Ils attirent tout particullièrement l'attention des acteurs culturels sur la nécessité d'**ancrer de manière cohérente et durable les actions événementielles sur un ou des territoires** et ce de façon continue, par une action culturelle de fond (formation, médiation, résidences, diffusion...).

Ils affirment ainsi leur volonté de poursuivre une action concrète dans les quatre champs d'action suivants, qui sont autant d'objectifs prioritaires.

LEVIERS D'ACTION

1. TERRITOIRE(S)

o Identifier un ancrage territorial propre à chaque manifestation.

o Mettre en place une continuité de l'action, avec un ensemble d'actions de fond (formation, création, ateliers...) à destination des publics, des publics empêchés et des professionnels, qui se déroulent tout l'année sur le territoire et aboutissent à l'événement. Mobiliser des habitants en continu sur ces actions et sur la préparation et la diffusion des événements (bénévoles, stagiaires, volontaires...).

o Permettre la circulation des créations et des pratiques. Créer des liens avec les acteurs d'autres territoires, locaux, régionaux, nationaux et internationaux. Créer le maximum de circulations ou d'extensions (représentations, ateliers, stages, formations...) sur des territoires voisins et ce de manière continue ou ponctuelle, pendant l'événement. Etablir un dialogue avec les structures nationales (théâtres, festivals, écoles...) dans un objectif de valorisation réciproque.

o Chercher des espaces naturels évocateurs (beaux scénarios naturels, parcs, châteaux...), représentatifs des cultures locales. Valoriser par ce biais des monuments historiques et naturels propres à la culture du territoire.

o Etablir des partenariats avec les institutions culturelles locales (musées, bibliothèques, archives, écoles des beaux-arts, conservatoires...), les utiliser comme lieux de représentation et penser des spectacles adaptés à leurs contenus spécifiques (expositions notamment).

o Développer l'implantation de résidences et sensibiliser les collectivités territoriales à la mise à disposition d'espaces de création et de représentation. Faire en sorte que les compagnies s'installent réellement sur le territoire, créent leur propre réseau et leurs activités propres.

2. PUBLIC(S)

o Permettre une information continue du public à travers internet, afin de préparer l'événement ; organiser des rencontres sur l'organisation de l'événement.

o Aller vers les publics au travers d'activités situées sur les lieux publics (visibilité de la formation, par exemple lors de stages ou fins de stages dans les endroits publics).

o Organiser des rencontres théoriques dans des lieux publics ouverts à tous.

o Organiser des sorties de résidence, représentation des spectacles en cours de création sur place, à destination de publics ciblés.

o Faire des lieux du quotidien des espaces de représentation.

- Travailler, si possible en amont avec les publics, les thématiques artistiques en fonction des publics concernés (problématiques contemporaines, faits de société...) et intégrer pour ce faire des sociologues dans la réflexion artistique

- Mettre en place des actions de médiation à destination des publics, des non-publics (scolaires, étudiants...) et des publics empêchés (hôpitaux, prisons, maisons de retraite...). Etablir un lien avec l'action sociale (ne pas « prendre en otage »pour autant) et représenter les problématiques sociales (détresse, emprisonnement, maladie...) pour permettre une appropriation des espaces d'enfermement par le théâtre.

- Mettre en place une stratégie tarifaire qui favorise par tous les moyens l'accès du plus grand nombre au théâtre (équilibre gratuité / paiement en fonction des lieux ou d'autres critères, journée prix unique, accès groupes, etc.)

- Mettre en place une stratégie de communication qui rende compte de la qualité du travail théâtral et de son adéquation avec la bonne utilisation des fonds publics (transparence financière).

3. PRATIQUES ET FORMATION

- Prendre en compte tous les niveaux de l'éducation nationale, de la maternelle à l'université.

- Donner de l'importance à la spécificité de la formation professionnelle : nécessité de proposer des stages de professionnalisation (et d'établir des liens avec les écoles de formation supérieure).

- Donner aux publics des possibilités d'accès aux formations afin de créer des nouveaux regards sur la création. Installer des moments d'échanges et de partage des savoirs et des pratiques (conférences, master class, ateliers, stages...)

- Intégrer les jeunes générations d'acteurs dans les programmations tout en les distinguant des professionnels. Mettre en place des espaces de programmation destinés aux acteurs en formation. Réciproquement, dans les festivals universitaires, inviter les professionnels, faire valoir que ce sont de véritables métiers avec des implications concrètes.

- Repenser la formation : développer une nouvelle formation théâtrale basée sur la pratique face aux publics. Sortir de la formation classique et chercher des nouvelles formes qui correspondent mieux aux exigences du public.
    - Remettre la pratique au cœur de la formation
    - Mettre en place des échanges entre écoles de théâtre, bourses, réseaux, contacts et passerelles entre l'université et la formation professionnelle, etc.

4. FINANCEMENTS

- Créer les spectacles dans une optique de circulation et d'échanges, de durabilité, chercher des relations avec les compagnies d'autres festivals.

○ Mettre en place et renforcer la coopération avec les institutions universitaires (intégration d'étudiants dans les créations, cours donnés par des étudiants, etc.). Intégrer les opérations professionnelles des cursus « Culture » (stages, projets pro…), rendre les étudiants acteurs de la manifestation et les inciter à sensibiliser leur entourage.

○ Développer l'autoproduction.

○ Elargir le champ des partenariats (communautés d'agglomération, Europe…)

○ Chercher des partenaires sur le territoire, par exemple des d'ordre culinaire : présentation de la production locale et échanges en nature ou financement.

○ Mettre en place des modes de financement alternatifs (bénévolat, hébergement chez l'habitant, échanges dans le cadre des formations universitaires, échange de visibilité…).

PERSPECTIVES

Pour défendre au mieux ces objectifs et développer de nouvelles actions, les signataires envisagent les moyens d'action suivants :

- Défense et diffusion des valeurs du Manifeste de Reus par la :
  - création d'une Association internationale de défense du Nouveau Théâtre Populaire (association loi 1901 avec son siège en France, composée d'une présidence internationale tournante et d'un bureau administratif permanent). Proposition de statuts en septembre 2012 en Italie et élection du bureau en France ou en Italie en 2013 ;
  - mise en ligne d'un site web commun, en premier lieu sur le site www.moismoliere.com puis de manière indépendante après constitution de l'association ;
  - édition et diffusion des actes des rencontres de Versailles 2012.
- Organisation de prochaines rencontres à Crotone, Bergame, Angers et construction d'un point d'orgue annuel (type semaine internationale) à Avignon en juillet.
- Accès à des nouvelles sources de financement (fonds européens notamment) et formation d'une personne dédiée à leur recherche.
- Objectifs à moyen terme :
  - coproduction et circulation des créations parmi les festivals signataires ;
  - actions de reconnaissance auprès des Ministères de la Culture.

**Rencontres des 29 et 30 septembre 2012 de
L'UNION EUROPEENNE DU NOUVEAU THEATRE POPULAIRE
organisées à Capo Vaticano (Calabre, Italie)**

<u>Membres fondateurs présents :</u> Jean-Charles BIROTHEAU, Carlo BOSO, Nello COSTABILE, Felipe CRAWFORD, Lluis GRAELLS, Leonardo PETRILLO, Frédéric REY, Marco ROTA.

<u>Membres fondateurs excusés :</u> Fernando BALESTRA, Maria Paola BENEDETTI, Gian Carlo CIOPPI, Françoise DECROISETTE, François DE MAZIERES, André HELBO, Yohann TURBET DELOF, Jenny NORDLUND.

<u>Observateurs :</u> Piero BONACCURSO, Chiara GIORDANO, Renata MEZENOV, Marco SILANI.

Ordre du jour de la réunion :

Sur l'initiative de Nello COSTABILE, les membres fondateurs de l'Union Européenne du Nouveau Théâtre Populaire se rencontrent à Capo Vaticano afin :

1. de créer une structure juridique permettant à l'Union de mettre en œuvre ses activités conformément au manifeste de Reus de 2010.
2. d'envisager les possibilités de collaborations artistiques entre les membres de l'Union dans les mois et années à venir.

1°/ Création d'une association européenne :

Concernant la création d'une structure juridique, les membres présents s'entendent, dans le prolongement de ce qui avait été décidé lors des précédentes rencontres de Versailles en juin 2012, pour créer une association européenne déclarée et domiciliée en France. Il est proposé que le siège social de l'association soit installé à Versailles, à l'Hôtel de Ville. La déclaration de constitution de l'association sera également faite à la Préfecture de Versailles. Le secrétariat de cette association sera assuré par Jean-Charles BIROTHEAU et Yohann TURBET DELOF pour plus de facilité.

Jean-Charles BIROTHEAU et Carlo BOSO présentent ensuite le projet de statuts et de règlement intérieur de l'association. Une lecture attentive et commentée article par article s'en suit. Les participants à la réunion s'entendent pour choisir comme nom officiel pour l'association : UNION EUROPEENNE DU NOUVEAU THEATRE POPULAIRE.

Diverses modifications du projet sont ensuite proposées par les participants à la réunion (voir projet final de statuts).

Parmi les commentaires qu'il convient de souligner tout particulièrement :

- A l'unanimité, les membres souhaitent qu'une référence explicite au Manifeste de Reus soit inscrite dans l'objet de l'association.

- La référence « européenne » ne veut pas dire que l'association se cantonne à des échanges intra-européens. Une collaboration artistique pourra être également envisagée avec des opérateurs culturels résidant en dehors de l'Union Européenne.

- Le mandat du Président est fixé à 2 ans. Il est envisagé que la licence d'entrepreneur de spectacles vivants (qui devra sans doute être demandée pour produire ou diffuser des spectacles en France) soit attribué à une personne différente du président. Nota : La licence est renouvelée tous les 3 ans.

- Dans l'idéal, la présidence tournera tous les deux ans entre membres fondateurs.
- Il est décidé que les statuts soient traduits dans toutes les langues des membres fondateurs.

Après la lecture et la modification des projets de statuts, une discussion sur le choix des personnes propres à diriger l'association commence. Carlo BOSO insistant sur la nécessité d'avoir des dirigeants témoignant de la force, de l'audience et de la notoriété de l'Union propose qu'André HELBO soit le Président de l'association

Jean-Charles BIROTHEAU & Yohann TURBET DELOF se portent ensuite candidats comme secrétaires généraux de l'association.

Il est décidé que les Secrétaires généraux, conformément aux statuts, désigneront au poste de Trésorier une personne experte dans le domaine des finances et de la comptabilité.

Les participants à la réunion votent à l'unanimité pour que les personnes susnommées soient désignées aux postes mentionnés.

Il est ensuite proposé que des Présidents délégués soient désignés pour chaque pays parmi les membres fondateurs afin de :
- représenter les intérêts de l'Union dans chaque pays ;
- recueillir, suggérer des demandes d'adhésion.

L'organigramme nominatif désignant les vice-présidents et les présidents délégués sera établi lors de la prochaine réunion.

En ce qui concerne les futures demandes d'adhésion à l'association, elles seront examinées par le bureau, selon des critères qui seront définis lors des prochaines réunions et conformément aux dispositions établies par les statuts de l'association. Le montant de l'adhésion est également à définir.

2°/ Situation actuelle des membres de l'Union et pistes de collaboration

Un tour de table est fait sur la situation et les attentes de chaque personne présente à la réunion.

La plupart des participants réunis autour de la table exposent les difficultés économiques qu'ils rencontrent actuellement suite à la crise économique et aux baisses de financements publics.

Lluis GRAELLS rappelle cependant l'importance des retombées économiques que génèrent les festivals. Il pense que c'est un argument important à faire valoir. Certes les festivals ont un coût pour les collectivités en termes de subvention, mais la plus-value pour le tissu économique dans lequel ils s'implantent est réelle. On a tendance à l'oublier. Des liens avec les entreprises sont sans doute à cultiver pour pallier aux baisses de subventions publiques. Lluis rappelle enfin que ce qui unit les personnes qui fondent l'Union c'est la volonté de faire « un théâtre pour le public et non pas pour nous-même ».

Felipe CRAWFORD résume la situation difficile qu'il traverse notamment et ses démarches auprès des municipalités de Lisbonne et de Sintra pour pérenniser le festival qu'il dirige au Portugal. Il semblerait que les choses avancent pour l'an prochain.

Léonardo PETRILLO rappelle les caractères originaux du Carnaval de Rome. Il fait part de la sortie récente d'une publication très documentée sur cette manifestation qui a connu une véritable renaissance ces dernières années. Il fait mention également des difficultés économiques rencontrées et souhaite que l'Union travaille sur des projets communs, des parcours, itinéraires qui permettent aux membres de se rapprocher, de collaborer.

Frédéric REY exprime sa volonté de créer un festival de théâtre à Nice qui fasse la part belle à la commedia dell'arte. Il souhaite associer le réseau à cette idée et faire des ponts avec l'Institut International du Théâtre Méditerranéen dont il fait partie. Il souligne également le lien qu'il faut cultiver avec la pratique et le public amateur lorsque l'on parle de « nouveau théâtre populaire ». Egalement le lien entre théâtre et patrimoine qu'il désire pour son projet de festival.

Nello COSTABILE rappelle que dans les difficultés économiques traversées actuellement, l'Union doit se concentrer sur des événements et des objectifs précis. Il expose en ce sens son projet en matière de formation. Il souhaite créer un centre en Calabre apte à former de futurs comédiens. Il souhaite que les membres de l'Union interviennent dans ce centre en dispensant des formations sur le thème du masque, du théâtre gestuel, de la marionnette, etc. Nello COSTABILE souhaite dans le même sens que le membres de l'Union s'impliquent dans le festival qu'il organise en Calabre. Des financements européens pourraient notamment contribuer à ces futures collaborations.
Il expose enfin les modes de financements qu'il conçoit pour aider les futurs étudiants du centre de formation qu'il veut mettre sur pied : associer une banque en lui demandant d'investir directement sur les droits d'inscription des étudiants.

Piero BONACCURSO présente sa compagnie implantée en Calabre et son travail qui s'oriente notamment vers le jeune public. Il semble important de ne pas négliger ce public dans la définition de ce qu'est « le nouveau théâtre populaire ».

Chiara GIORDANO présente le festival Armonie d'arte qu'elle dirige. Il s'agit d'un festival pluridisciplinaire qui se tient dans le parc archéologique de Scolacium en Calabre. Elle aborde les liens avec le secteur privé qui intervient dans ce festival de manière importante. Egalement le lien entre arts vivants et patrimoine. Elle souhaite intégrer l'Union Européenne du Nouveau Théâtre Populaire. Les membres de l'Union sont a priori favorables à cette adhésion.

Marco SILANI présente le festival de Torre Marrana qu'il dirige en Calabre. Il explique que le festival a une audience très large dans la région et qu'il bénéficie d'une importante assise populaire. Il explique également qu'il établit des passerelles avec le festival dirigé par Nello COSTABILE. Le concept de « Nouveau Théâtre Populaire » l'intéresse.

Marco ROTA exprime les difficultés qu'il rencontre aujourd'hui à Bergame. Son festival connaît des réductions de budgets aussi, alors même qu'il valorise au plus haut point la tradition de la commedia dell'arte. Il mise toutefois sur la candidature de Bergame en tant que capitale européenne de la culture. Il souhaiterait enfin accueillir les membres de l'Union à Bergame en mai 2013 pour envisager des collaborations plus étroites.

Renata MEZENOV est une artiste indépendante qui travaille à Milan. Elle présente ses activités et son envie de participer d'une manière ou d'une autre aux activités de l'Union.

Jean-Charles BIROTHEAU expose les spécificités de son festival qui rassemble des compagnies étudiantes qui viennent du monde entier. Il insiste sur l'aspect formation à la fois professionnelle ou amateur qui est pour lui un vecteur de ce qu'est et sera le théâtre populaire de demain. Il invite les membres de l'Union au prochain festival d'Angers et propose notamment une rencontre avec les étudiants autour des questions qui entourent la notion de théâtre populaire aujourd'hui. Le festival aura lieu en avril 2013. Dates à confirmer pour les rencontres.

Carlo BOSO présente l'Académie Internationale des Arts du Spectacle (AIDAS). Cette structure de formation est très présente à Versailles et à Montreuil. Elle est aussi active durant le mois Molière. L'AIDAS fait des liens avec les universités, avec de nombreux festivals (Avignon, Syracuse). Il est important pour Carlo BOSO que les élèves puissent se produire dans le cadre de leur formation devant un vrai public et un peu partout en Europe.

A la fin de la réunion, les participants se séparent en prévoyant de se retrouver à Angers entre le 2 et le 16 avril 2013.

Les Secrétaires généraux ,

Jean-Charles BIROTHEAU   **Yohann TURBET DELOF**

Procès-verbal de l'assemblée générale constitutive de l'association

« UNION EUROPEENNE DU NOUVEAU THEATRE POPULAIRE »

Le samedi 29 septembre 2012 à 15 heures, les fondateurs de l'association UNION EUROPEENNE DU NOUVEAU THEATRE POPULAIRE se sont réunis en assemblée générale constitutive à Capo Vaticano (Calabre, Italie).

Les personnes présentes ont signé la feuille de présence qui est annexée au présent procès-verbal. L'assemblée générale désigne Nello COSTABILE en qualité de président de séance et de Frédéric REY en qualité de secrétaire de séance. Le président de séance rappelle que l'assemblée générale constitutive est appelée à statuer sur l'ordre du jour suivant :

- présentation de l'objet de l'association

- choix du nom et du siège social

- mise au point des statuts

- élection des premiers dirigeants

- pouvoirs en vue des formalités de déclaration et de publication :

Le président expose ensuite les motifs du projet de création de l'association, rend compte des démarches déjà entreprises et des engagements pris pour le compte de l'association en formation et commente le projet de statuts. Un débat s'instaure entre les membres de l'assemblée sur tous ces points et sur les modifications à apporter au projet. A l'issue des débats, les délibérations suivantes sont mises aux voix :

1ᵉ délibération

L'assemblée générale adopte article par article les statuts de l'association.

Le nom de l'association est UNION EUROPEENNE DU NOUVEAU THEATRE POPULAIRE, son siège social est fixé à l'Hôtel de Ville de Versailles, 4 avenue de Paris, 78000 VERSAILLES.

Cette association a pour but de défendre et de promouvoir à l'échelle européenne les formes et actions relatives au Nouveau Théâtre Populaire. Elle développe des actions de création, de formation, de recherche, de production, de circulation et de mise en réseau des formes théâtrales intégrées dans les territoires et au contact direct des publics, conformément au manifeste de Reus.

Cette délibération est adoptée à l'unanimité.

2ᵉ délibération

L'assemblée générale constitutive élit les premiers membres du conseil d'administration :

Président : André HELBO, Président du Département des arts du spectacle vivant à l'Université libre de Bruxelles.

Secrétaires généraux : Jean-Charles BIROTHEAU, Directeur du Festival international de théâtre universitaire d'Angers et Yohann TURBET DELOF, Directeur des affaires culturelles de Versailles.

Les membres du conseil acceptent ces fonctions.

Conformément aux statuts (art. 8), les Secrétaires généraux nomment le Trésorier : M. Joël GHIENNE.

Pouvoir est donné à André HELBO et à Joël GHIENNE d'ouvrir un compte bancaire au nom de l'association et de signer les chèques.

Le président rappelle que le conseil d'administration se réunira à l'issue de l'assemblée constitutive.

Cette délibération est adoptée à l'unanimité des personnes ayant adopté les statuts.

3ᵉ délibération

L'assemblée générale constitutive approuve l'ensemble des actes passés par André HELBO au nom et pour le compte de l'association en formation. L'approbation de cet état entraîne la reprise des actes et des engagements qu'il contient dès l'insertion d'un extrait de la déclaration de l'association au Journal Officiel.

Cette délibération est adoptée à l'unanimité par les personnes ayant adopté les statuts.

4ᵉ délibération

L'assemblée générale constitutive donne tous pouvoirs à André HELBO à l'effet d'accomplir toutes les formalités prescrites par la loi pour la déclaration de l'association et l'insertion de cette déclaration au Journal officiel.

Cette délibération est adoptée à l'unanimité des personnes ayant adopté les statuts.

L'ordre du jour étant épuisé, la séance est levée à 19 heures.

Les Secrétaires généraux ,

Jean-Charles BIROTHEAU   **Yohann TURBET DELOF**

UNION EUROPEENNE DU NOUVEAU THEATRE POPULAIRE

STATUTS

ARTICLE I – Désignation

En date du 30 septembre 2012 a été fondée entre les adhérents aux présents statuts une association régie par la loi du 1 er juillet 1901 et le décret du 16 août 1901, ayant pour titre :

- Union Européenne du Nouveau Théâtre Populaire

ARTICLE II – Objet

Cette association a pour but de défendre et promouvoir à l'échelle Européenne les formes et actions relatives au Nouveau Théâtre Populaire. Elle développe des actions définies par le « Manifeste de Reus » à savoir, la création, la production, la formation, la recherche, la circulation et la mise en réseau des formes théâtrales intégrées dans les territoires et au contact direct des publics.

ARTICLE III – Siège social

Le siège social est fixé à
Hôtel de Ville de Versailles
4 avenue de Paris
78 000 Versailles

Il pourra être transféré par simple décision du Conseil d'Administration; la ratification par l'Assemblée Générale sera nécessaire.

ARTICLE IV – Composition

L'association se compose de :
a) Membres d'honneur
b) Membres fondateurs
c) Membres actifs ou adhérents

Sont membres d'honneur ceux qui ont rendu des services signalés à l'association. Ils sont dispensés de cotisations.

Sont membres fondateurs, les personnes signataires des rencontres Européenne du Nouveau Théâtre Populaire à Versailles et sont dispensés de cotisation.

Sont membres actifs ceux qui ont pris l'engagement de verser annuellement une somme définie par le règlement intérieur.

ARTICLE V – Admission

Il est nécessaire pour devenir membre de l'association d'être mandaté par une structure possédant la personnalité morale et de présenter un dossier complet de candidature. Le bureau statue lors de chacune de ses réunions, sur les demandes d'admission présentées par les présidents délégués de chaque pays.

ARTICLE VI – Radiations

La qualité de membre se perd par :

a) La démission
b) Le décès
c) La radiation prononcée par le Conseil d'Administration pour non-paiement de la cotisation ou pour motif grave, l'intéressé ayant été invité par lettre recommandée à se présenter devant le bureau pour fournir des explications.

ARTICLE VII – Ressources

Les ressources de l'association comprennent :
1) Le montant des droits d'entrée et des cotisations
2) Les subventions de l'Etat, des départements, des communes, de la communauté européenne et tout organisme public
3) Les apports en mécénat de toute structure de droit privé
4) Les Recettes de prestations
5) Les dons et legs

ARTICLE VIII – Conseil d'Administration

L'association est dirigée par un Conseil de membres, élus pour deux années par l'Assemblée Générale. Ces membres sont rééligibles parmi les membres fondateurs.

Le Conseil d'Administration choisit parmi ses membres, au scrutin secret, un bureau composé de :

- un Président
- deux Vice-Présidents

Le Bureau nomme deux Secrétaires Généraux parmi les membres fondateurs ; ils peuvent nommer à leur tour le Trésorier parmi les membres de l'association.

Le Bureau peut proposer la nomination d'un Président d'honneur, cette nomination sera soumise à l'approbation du Conseil d'Administration.

Le Bureau nomme les Présidents délégués pour chaque pays ainsi que le délégué à l'international.

ARTICLE IX – Réunion du Conseil d'Administration

Le Conseil d'Administration se réunit une fois par an, sur convocation du Président.

Les décisions sont prises à la majorité des voix, en cas de partage, la voix du Président est prépondérante.

Nul ne peut faire partie du Conseil s'il n'est pas majeur.

ARTICLE X – Assemblée générale ordinaire

L'Assemblée Générale ordinaire comprend tous les membres de l'association à quelque titre qu'ils y soient affiliés. L'Assemblée Générale se réunit chaque année.

Trente jours au moins avant la date fixée, les membres de l'association sont convoqués. L'ordre du jour est indiqué sur les convocations.

Le Président, assisté des membres du Bureau, préside l'Assemblée et expose la situation morale de l'association.

Il est procédé tous les deux ans, après épuisement de l'ordre du jour, au remplacement, au scrutin secret, des membres du Conseil sortants.

Ne devront être traitées, lors de l'Assemblée Générale, que les questions soumises à l'ordre du jour.

Les membres absents peuvent délégués par écrit leur pouvoir à tout membre de l'association à raison de 4 délégations par membres.

ARTICLE XI – Assemblée Générale extraordinaire

Si besoin est, ou sur la demande de la moitié plus un des membres inscrits, le Président peut convoquer une Assemblée Générale extraordinaire. Elle se déroule selon les modalités visées à l'article X.

ARTICLE XII – Règlement Intérieur

Un règlement intérieur est établi par le bureau, qui le fait approuver par le Conseil d'Administration.

Ce règlement est destiné à fixer les divers points non prévus par les statuts, notamment ceux qui ont trait à l'administration interne de l'association.

ARTICLE XIII – Dissolution

En cas de dissolution prononcée par les deux tiers au moins des membres présents à l'Assemblée Générale, un ou plusieurs liquidateurs sont nommés par celles-ci, et l'actif, s'il y a lieu, est dévolu conformément à l'article 9 de la Loi du 1 er juillet 1901 et du décret du 16 août 1901.

Fait à Versailles le 05/11/2012

Les Secrétaires généraux,

Promotori Manifesto di Reus

Da sinistra:
Eleonora Pocaterra, Johann Turbet Delof, Maria Paola
Benedetti, Gian Carlo Cioppi, Jenny Nordlund, André Helbo,
Carlo Boso, Fernando Balestra, Marco Rota, Lluis Graells,
Filipe Crawford, Leonardo Petrillo, David Sanz.

Promotori U.E.N.T.P.
Schede di presentazione

André Helbo

André Helbo est professeur émérite de l'Université libre de Bruxelles et membre de l'Académie Royale des Sciences, des Lettres et des Beaux-Arts de Belgique. Il est à l'origine de nombreuses publications et de colloques internationaux sur la sémiotique et les arts du spectacle.

Parmi ses ouvrages plus connus, citons *Sémiologie de la représentation*(Complexe-PUF1975); *Sémiologie du spectacle* (1982); *L'adaptation. Du théâtre au cinéma* (Armand Colin 1997); *Signes du spectacle* (Peter Lang 2006); *Le théâtre. Texte ou spectacle vivant* (Klincksieck 2007); *Performance et savoirs* (De Boeck 2011); *Interdiscipline et arts du spectacle vivant*(Honoré Champion 2013); *La transdisciplinarité en question(s)* (AISS 2016). Il a dirigé de 2008 à 2015 le programme européen Erasmus Mundus en étude du spectacle vivant et préside actuellement l'Association Internationale pour la Sémiologie du Spectacle. Il dirige la revue internationale de sémiologie *Degrés*.

e-mail: ahelbo@ulb.ac.be

El Teatro del Finikito David Sanz

Compañía pionera en la *commedia dell'arte* en España, nace en 1990 en Alcalá de Henares. Parte siempre de una propuesta de teatro físico, dónde el actor canta, baila, toca un instrumento y, por supuesto, interpreta. La máscara tiene una especial relevancia en casi todos sus espectáculos.

El Teatro del Finikito son: Eva del Campo, licenciada en filología inglesa, autora teatral y actriz formada en teatro, música y danza, ha estudiado y/o trabajado con: Carlo Boso, Adriano Iurissevich, Pawel Rouba, Eric de Bont, Francisco Ortuño, Bob Heddle Roboth, Renatto Gatto, Comediants, Gádor Soriano, Nelly Quette, María José Ruiz, codirectora del Festival Internacional *Del Arte della Commedia* junto a David Sanz, graduadosuperior del RCS de Música de Madrid, autor teatral y actor.

Compañía organizadora del Festival Internacional *Del Arte Della Commedia*, único festival dedicado exclusivamente a la CDA en España, y miembro de la Asociación "Europa in Maschera", ha sido apoyada por la Unión Europea para la difusión de la *commedia dell'arte*.

A lo largo de estos años, han colaborado tanto con la compañía como en el Festival, especialistas como: Carlo Boso, Antonio Fava, Stefano Perocco, David Castillejo, Ferruccio Marotti, José Sanchis Sinisterra, JuanSanz, Miguel Angel Coso, Pawel Rouba, Andrzej Leparski, María José Ruiz, M. Del Valle Ojeda, Stefano Arata.

Con un lenguaje propio, presente en todos sus montajes (como *La Fábula de Orfeo o Perdida en los Apalaches)*, la compañía siempre ha prestado especial atención a la *commedia dell'arte* (*Filtro de Pasión, Las Aventuras del Capitán Tenorio Ceremonia*), relacionando la cultura española la y la italiana, (*El Viejo Celoso*, entremés de Cervantes en *commediadell'arte, El*

Príncipe Tireno, de un cuaderno de trabajo de un cómico italiano en España, *Arlequino servidor de dos patrones*, primera traducción al castellano de la obra de Goldoni y éxito absoluto en festivales de toda España) y al teatro clásico español (*Don Quijote*, sobre la obra de Cervantes en commedia dell'arte, *El Lacayo Fingido*, de Lope de Vega, verso, también en *commedia* o *La comedia de las comedias* o *Lope, Tirso, Calderón y los otros*, un hilarante y trepidante paseo por el Siglo de Oro con las técnicas de la CDA. Entre las más recientes producciones están ¡*Ay, Carmela*!

De José Sanchis Sinisterra; *Public or not Public*, una comedia delirante sobre el lugar del público en la historia del teatro; y la última producción, *Don Giovanni y Pulcinella*, un Don Juan en títeres dell'arte para público familiar, partiendo de los textos de A. Perrucci y el de Tirso de Molina, y un canovaccio de Antonio Passanti, hemos modelado los sucesivos acontecimientos y los típicos personajes del mito, que siguen la estructura convencional de la Commedia dell'arte, adaptando la historia a un público infantil y juvenil, explorando el territorio de lo ancestral, de la commedia dell'arte y de los *guarattelle* napolitanos.

El Teatro del Finikito ha estado en Alemania, Bélgica, Francia, Italia, México, Perú, Portugal y Reino Unido, participando en prestigiosos festivales. A parte de los espectáculos, El Teatro del Finikito tiene escuela para niños y adultos desde el 2008.

Eva del Campo y David Sanz
Alcalá de Henares
Tel.: +34 918828160
www.elteatrodelfinikito.com
commedia@elteatrodelfinikito.com

Filipe Crawford

La nascita della mia attività di formatore, regista e attore di Commedia dell'Arte è il 1989. La mia Compagnia è stata la prima Compagnia di Commedia dell'Arte nel Teatro contemporaneo portoghese. *La meia preta* vede la partecipazione di 10 attori che hanno iniziato come allievi nei primi due corsi di Tecnica di Maschera che ho realizzato in Portogallo con il patrocinio della Fondazione Calouste Gulbenkian, dopo il mio ritorno da Parigi dove avevo studiato con Mario Gonzales. Questa compagnia ha svolto la sua attività per cinque anni fino al 1994 e ha realizzato cinque produzioni teatrali tra i quali *La Storia di una Tigre* di Dario Fo, un monologo diretto e interpretato da me con una maschera di Bali, *Scene di Commedia dell'Arte* e *Assalti di Maschere*, teatro di improvvisazione con maschere.

Dopo lo scioglimento de la Compagnia ho creato una struttura individuale, Filipe Crawford Produçoes Teatrais, e con questa struttura ho continuato l'attività di formazione e regia di spettacoli di Commedia dell'Arte e anche di altri generi teatrali. Nel 1997 ho creato la Scuola di Maschera, che promuove un Corso annuale di Tecnica di Maschera, dove la Commedia dell'Arte è il tema fondamentale. Con alcuni degli attori che frequentano la mia scuola realizzo spettacoli di Commedia dell'Arte. Nel 1999 la Compagnia si trasferisce nella sala teatrale "Casa da Comédia", nel piccolo teatro studio più antico di Lisbona, e che sarà il punto di riferimento nel Portogallo per 12 anni. Le produzioni si susseguono: *Commedia all'improvviso* (2002), *Le disavventure di Isabella* (2004), *Arlecchino servitore di due padroni* (2005), *L'età dell'Oro* (2009), *I tre Capitani* (2011), *L'Isola degli Dei* (2012); in quest'ultimo le Maschere di Commedia dell'Arte in contrasto con Maschere di Commedia dell'Arte.

Nel 2002 ho dato il via al Festival Internazionale di Maschere e Commedianti, che ha inizio nella sala Casa da Commedia e che dopo due anni si trasferisce nel magnifico spazio del Castello de San Giorgio a Lisbona. Il Festival avrà nove edizioni, l'ultima nel 2012. In questa edizione vi partecipano compagnie teatrali del Portogallo, della Spagna, della Francia e dell'Italia con spettacoli di Commedia dell'Arte. Il festival si svolge nel mese di Agosto; al suo interno si svolgono mostre, conferenze e dibattiti sul ruolo della Commedia dell'Arte e laboratori di formazione attraverso master di Commedia dell'Arte, con la partecipazione dei Maestri Mario Gonzales, Ferruccio Soleri, Carlo Boso, Antonio Fava, Adriano Iurissevich e Mas Soegeng.

Nel 2013 la Compagnia ha perso la sua sala teatrale per cause di forza maggiore e ha perso anche la sovvenzione statale che le permetteva di mantenere la sua attività. In questi ultimi anni continua a rappresentare il suo repertorio tra molte difficoltà.

Da quest'anno (2017) ha messo in produzione un nuovo spettacolo di Commedia dell'Arte in collaborazione con una Produzione commerciale, la Yellow Star Company; lo spettacolo è un monologo dell'autore Felipe Cabezas, attore e autore cileno che vive a Barcellona. *L'ultima notte del Capitano* racconta la vita di Francesco Andreini, Comico Geloso. Nel frattempo continua la mia attività di formatore di attori della Commedia dell'Arte.

Senza un proprio spazio e con la struttura in crisi, il futuro presenta molte incognite. Sicuramente proseguirò nella formazione, ma la produzione di spettacoli di Commedia dell'Arte, con più di un attore, com'era nel mio stile, non sarà facile data l'attuale congiuntura teatrale in Portogallo. Anche se questa è la mia speranza e la mia volontà, devo essere realista e aspettare che mi venga data la possibilità di ricostruire la più originale e pressoché unica compagnia di Commedia dell'Arte in Portogallo.

Filipe Crawford
Av. Columbano Bordalo Pinheiro, 98, 1° Frt
1060-066 Lisboa P
Tel: 00351 965701363
filipecrawford@gmail.com

Il Carro dei Comici

La Compagnia Il Carro dei Comici nasce dall'incontro di attori che, provenendo da esperienze artistiche differenti, decidono nel 2006 di dedicarsi alla ricerca, alla creazione e alla diffusione della Commedia dell'Arte, la forma teatrale che ha reso famoso il teatro italiano nel mondo.

Gli spettacoli prodotti dalla Compagnia hanno partecipato ai maggiori Festival nazionali e internazionali e sono stati inseriti nella programmazione di eventi e manifestazioni destinate a promuovere la Commedia dell'Arte in Italia e nel Mondo.

Dal gennaio 2007 gli attori de Il Carro dei Comici hanno presentato sui palcoscenici e sulle piazze nazionali e internazionali: *Mori a Venezia* e *Il Barbiere di Siviglia*, creati al Teatro Petrella di Longiano; *Amori in maschera* e *Simbad il Pirata* presentati in prima nazionale nel 2010 a Piazza Navona in occasione della seconda edizione del Carnevale Romano.

Nell'edizione 2011 del Carnevale Romano *Mori a Venezia* è stato lo spettacolo di chiusura della manifestazione, rappresentato nella splendida cornice di Piazza del Popolo in presenza di alcune migliaia di spettatori. Il Carro dei Comici è stato insignito del premio del pubblico nell'agosto 2007 al Ritual Festival di Teheran (Iran) dove ha rappresentato l'Italia.

Nel 2009 altrettanto successo di critica e di pubblico è stato ottenuto dalla Compagnia che si è esibita all'India Habitat Center – Stein Auditorium di Nuova Dehli (India). La nuova edizione di *Mori a Venezia*, creata in collaborazione con l'Ambasciata d'Italia del Principato di Monaco, è stata rappresentata in prima mondiale il 18 dicembre 2010 al Théatre des Variétés di Montecarlo.

Nel 2011 la Compagnia ha prodotto il nuovo spettacolo *Gli amanti della Rocca* che debutta, ottenendo un grande successo di pubblico, al Theatre Princesse Grace di Montecarlo in occasione delle manifestazioni organizzate per i 150 anni dell'Unità d'Italia.

Nel 2012 ha partecipato al Festival Avignone Off riscuotendo un grande successo di pubblico e critica con lo spettacolo *Gli Amanti della Rocca*.

Il 2013 ha segnato per il Carro dei Comici un particolare impegno verso il sociale e l'intervento didattico: un'attenzione mirata alla conoscenza e alla diffusione della Commedia dell'Arte negli ambiti scolastici, con incontri, conferenze e spettacoli sia presso classi dell'infanzia sia in istituti superiori.

In quest'ottica di informazione e coinvolgimento educativi, si è sostanziata l'adesione al progetto "Il teatro riscopre la campagna" del pedagogista Alfredo Pacassoni, maestro carrista del Carnevale di Fano. "Il teatro riscopre la campagna" prevede propedeutiche rappresentazioni teatrali in spazi occasionali di feste della ricca tradizione locale, quali iniziative promozionali per arrivare all'organizzazione di un'organica programmazione di eventi tesi a riscoprire e valorizzare le proprietà del territorio, offrendo a giovani, a turisti e a quanti interessati piacevoli e qualificate occasioni ricreative.

Nel 2014, durante il Carnevale, la compagnia teatrale ha attivato il suddetto progetto, con spettacoli e sfilate in maschera. Nel corso dell'anno, ha partecipato a una pluralità di festival e rassegne teatrali in Italia (Porcari LU, Padova, Serravalle, Conegliano Veneto) e all'estero, segnatamente in Francia dove, onorando l'invito della Municipalità di Versailles, si è esibita in vari spazi teatrali in occasione della rassegna internazionale "Mois Moliére"– 18° Festival di Versailles. Dal 28 luglio al 3 agosto, il Carro dei Comici ha organizzato la VI edizione del Festival "Le regioni del teatro" a Gradara (PU), con uno stage di alta formazione teatrale tenuto dal M° Carlo Boso e le ormai consuete e seguitissime rappresentazioni in costume nella suggestiva cornice dello storico borgo medievale di Paolo e Francesca.

Sia il 2015 che il 2016 hanno inizio per la Compagnia con la partecipazione in febbraio a Padova alle "Giornate Mondiali della Commedia dell'Arte", invitata dall'Accademia del Teatro in lingua veneta organizzatrice dell'evento. Soddisfazione per l'ottima *performance*, a detta degli organizzatori, e confermata dal gradimento del pubblico.

A seguire, il Carro dei Comici si è impegnato (oltre che a onorare il consueto calendario artistico) nell'organizzazione della VIII edizione del Festival "Le regioni del teatro", rinnovata iniziativa coordinata con l'AMAT della Marche, tenutasi da quest'anno nel centro storico della città di Pesaro presso il prestigioso palazzo Mazzolari Mosca, nella cui corte interna si è svolto il laboratorio teatrale tenuto dal M.° Carlo Boso – conclusosi con serate dedicate a lezioni-spettacolo e rappresentazioni in costume. Grande affluenza di pubblico, sia locale sia dei numerosi villeggianti, con generale consenso da parte delle istituzioni locali.

Il prosieguo dell'anno vede la Compagnia coinvolta nella organizzazione della impegnativa *tournèe* da svolgere in Australia, sotto l'egida dell'Ambasciata d'Italia a Canberra, per incontrare le numerose comunità di connazionali ivi stabiliti.

Via del Carso, 13
61122 Pesaro PU
carrodeicomici@libero.it

Leonardo Petrillo

Produttore, attore, drammaturgo, regista, direttore artistico e organizzatore, inizia a lavorare come attore in teatro, cinema e pubblicità, diretto tra gli altri da M. Bolognini, A. Camilleri, E. Chouraqui, A. D'Alatri, R. De Simone, F. Fellini, G. Mauri, G. Pressburger, J. Savary, M. Scaparro, L. Squarzina,C. Verdone. Ricopre ruoli da protagonista con i Teatri Stabili di Roma, Bolzano e Trieste, veste il ruolo di Arlecchino in tournée mondiali (Cina, Giappone, Russia) e in televisione è protagonista dell'apertura dei mondiali di atletica 1987.

Iscritto all'albo dei giornalisti pubblicisti ha pubblicato: *Manuale di manutenzione del proprio uomo, Manuale di manutenzione della propria donna*, il testo teatrale *Il pranzo è servito, Il manuale per l'Automanutenzione del single*; per la Better Persons Press in formato digitale i testi teatrali *The Looking Glass, Gli innamorati immaginari, El Duende, Yorick, I pastori Cantatori*.

Fondatore della Compagnia Teatrale Obiettivo Atlantide con la quale vince il Progetto Giovani dell'Ente Teatrale Italiano e ottiene il premio di qualità da parte dell'allora Ministero dello spettacolo; è stato assistente di Maurizio Scaparro nella direzione artistica del Festival del Thèatre des Italiens (Le Rêve du Sud), Parigi 2000.

Fonda e dirige come Direttore artistico il progetto Artedialetto, che comprende la "Scuola Nazionale di Commedia dell'arte, del Teatro in dialetto", la Rassegna di teatro "Crepino gli artisti" e un Convegno annuale. Il Progetto Artedialetto nel 2005 ha ottenuto il patrocinio dell'Ente Teatrale Italiano. Nel 2006 è Direttore Artistico con Marcantonio Graffeo del Villaggio del Fiction a Mompeo.

Consulente per il Teatro all'Assessorato alla Cultura del Comune di Roma, dal 2009 è Direttore artistico del Carnevale

Romano. Ideatore e Direttore artistico dello Yorick – I° Festival internazionale sulla follia, in collaborazione con il Fringe Festival di Edimburgo, l'Avignone Off e le Mois Molière di Versailles. Come autore vince il premio Flaiano 2003 per la Drammaturgia con *The Looking Glass*, di cui firma la regia con Philippe Leroy protagonista; il premio Carlo D'Angelo (al Vallecorsi 2004) con *Nostalgia del Futuro* e ottiene la menzione speciale al primo Concorso di Drammaturgia Contemporanea 2007 promosso da ETI, AGIS e SIAE per *L'anima sotto la città*.

Nel 2012 cura l'organizzazione e la regia del laboratorio e dello spettacolo di Commedia dell'Arte *Gli innamorati immaginari* prodotto dal teatro di Roma con 16 attori *under* 35.

Nel 2016 scrive, dirige e interpreta *Er sordato ignoto* al Mausoleo Garibaldino di Roma.

Sta lavorando a diversi progetti, tra i quali "VenEzra", un *format* che prevede spettacoli, convegni, giornate di studio, proiezioni architetturali e mostre su Ezra Pound e il suo rapporto con Venezia; "Yorick", un progetto per la ricostruzione del tessuto culturale nelle realtà colpite da eventi naturali; "Orvietan e le Laudi", per la creazione di un archivio sulla Commedia dell'Arte (in collaborazione con il SAT) e le antiche Laudi. Il progetto prevede anche la "riscoperta" dell'antico antidoto Orvietan esportato consuccesso dai ciarlatani nel XVII secolo in Francia (in collaborazione con il C.N.R).

Leonardo Petrillo
Via del Gazometro, 19
0154 Roma I
petrilloleo@gmail.com

Lluís Graells

Attore, regista e professore di teatro, ha ottenuto il Diploma in Mimo e Pantomima e la laurea in Arte Drammatica specialità Direzione e Drammaturgia dall'Istituto del Teatro. È inoltre esperto in Terapia di Gruppo e Psicodramma (Università di Barcellona).

Ha lavorato come attore in varie formazioni, essenzialmente legate al teatro di strada, all'umorismo e al teatro giovane e familiare in oltre 40 spettacoli. Come regista e autore di spettacoli ha firmato più di 50 spettacoli, dal mondo amatoriale alle grandi formazioni, alla ricerca e a progetti contemporanei o commerciali.

Dal 1998 al 2015 è stato Direttore artistico dei Festival Internacional de Mim i Teatre Gestual di Reus e COS, da dove ho sostenuto il Festival Der Stilte Doorbroken nell'organizzazione del Prix Pinokkio per poi partecipare alla creazione di MOVE Award, promosso da diversi festival europei. Nel 2010, si è tenuta una riunione di Festival Europei all'interno del Festival COS, che si è conclusa con il Manifesto di Reus "per un Nuovo Teatro Popolare", poi UENTP. Dal 2013 al 2015 è stato Creatore e capo del Centro per le Arti Gestuali per il Circo di Reus e del GINY. Il suo lavoro artistico è sempre stato collegato all'insegnamento; in diverse scuole in Catalogna dal 1989, dal 1998 presso la Scuola d'Arte Drammatica del Teatro Institute di Barcellona, dove ha tenuto la specialità "Interpretazione e gestione drammatica".

Collabora inoltre con AIDAS de Versailles e Cie. Pas de Dieux de Paris nei programmi di formazione dal 2008.

Attualmente lavora con la compagnia Els Xerraires come attore di "improvisazione" e con Projecte Longanime. Come autore e regista di maschere e spettacoli teatrali, rivolti al teatro familiare e adulto, progetta per aziende provenienti da tutta la

Catalogna; come professore, si occupa di narrazione popolare e teatro di strada. Infine si occupa di Progettazione in una Scuola di Comici per giovani basata sulle forme della cultura popolare e sul loro valore per l'integrazione sociale e lo sviluppo terapeutico.

Lluís Graells
Picarany Carrer Prades, 40
43393 ALMOSTER
graellslluis@gmail.com

Turbet Delof Yohann

Laureato in Sciences Politiques a Parigi, attualmente Direttore Generale dell'Alliance Française di Lima e Delegato Generale dell'Alliance Française in Perù. Direttore degli Affari Culturali del Comune di Versailles fino al 2014, ha partecipato in tale veste alla creazione dell'*Unione Europea Nuovo Teatro Popolare*, e in qualità di rappresentante del festival Le Mois Molière. Interviene regolarmente nell'ambito universitario o nei media su questioni d'attualità e di ricerca relative alle politiche culturali, alla diplomazia dell'influenza e alla cooperazione internazionale.

Mentre l'arte dovrebbe essere più popolare e la più direttamente accessibile, l'uomo che si mette direttamente davanti ai suoi simili per parlare delle passioni umane senza ostacolo fisico o intermediazione di strumenti tecnici, il teatro continua oggi a soffrire di un'immagine austera ed elitaria, spesso riguardante solo gli strati più istruiti delle nostre società.

Discreditato quando è arte di massa, tutto tranne che pratica quotidiana, rimane prigioniero di cattedrali inaccessibili, piccoli e grandi recinti che ingabbiano ancora una parte enorme del territorio europeo.

Poiché è "imitazione" dell'uomo da parte dell'uomo, il teatro non ha niente d'evidente. Nietzsche non vi vedeva, d'altronde, che la messa in scena della passività della "truppa", di un pubblico impotente di fronte a una rappresentazione di se stesso nella quale infine non si riconosce. Quando non fa che rappresentare e si compiace delle bassezze della società umana, il teatro perde il suo interesse esistenziale, è la "caricatura del teatro privato", commerciale, di boulevard. Quando non è che concetto e innovazione/sovversione, si stacca dal suo pubblico e si rende inaccessibile: è la "caricatura del teatro pubblico", ufficiale, sovvenzionato.

Questa stretta opposizione *teatro pubblico contro teatro privato*, secondo la quale si avrebbe da un lato un teatro esigente e "di qualità" e dall'altro un teatro commerciale, divertente ma più o meno "di basso livello", è portatrice di semplicismi che non fanno onore alla complessità della realtà europea. Segnatamente poiché gli attori privati prendono spesso l'iniziativa di creazioni teatrali complesse, commercialmente rischiose, artistiche e innovative e alla portata conseguente. È forza constatare tuttavia che i progetti sostenuti dalle istituzioni pubbliche corrispondono molto spesso a codici estetici e intellettuali relativamente definiti e omogenei, che gli stessi che devono decidere descrivono come "creativi", "esigenti" e "concettuali", ma anche "poco suscettibili di raggiungere un grande successo di pubblico", ciò che giustifica legittimamente in nome della creatività e della ricerca permanente, la concessione di sovvenzioni. Con un problema finale: il mantenimento di una sfera non necessariamente borghese ma intellettualmente elitaria.

Dall'altra parte dello spettro, gli spettacoli "d'intrattenimento del grande pubblico" godono di una salute finanziaria e di un successo popolare quasi insolente per tutti gli altri attori della scena teatrale.

Tra questi due opposti è difficile difendere un teatro allo stesso tempo popolare e esigente, che può abbattere il "quarto muro" (Bertolt Brecht) e quindi connettersi intensamente con il pubblico invitandolo a riflettere sulla propria condizione umana, a interrogarsi, a sorprendersi, a criticare.

È questo anello mancante che cercano di ricostituire i promotori di un *nuovo teatro popolare,* mobilitati per ridare al lavoro dell'attore il suo posto centrale nel processo creativo, rispettare lo spettatore come promotore e destinatario dell'atto teatrale, fare di ogni spazio, dal momento in cui viene ritualizzato, uno spazio scenico e promuovere un teatro profondamente radicato nella sua società, al centro della formazione, della costruzione di processi democratici, del dialogo interculturale e dell'integrazione dei *non pubblici*.

Pochi attori culturali si sono piegati ad altrettante esigenze, cercando di restituire al pubblico di massa il gusto del teatro e la sua integrazione nella vita quotidiana. Un caso da scuola in Francia: il festival del Mois Molière a Versailles, fondato nel 1995 da François de Mazières, che nel frattempo è diventato sindaco della città e che ancora oggi lo guida. Facendo figura di un oggetto culturale non identificato, questo festival è atipico perché a carico direttamente a un ente pubblico mentre la maggior parte delega questo compito a organizzazioni specializzate; di massa nelle sue dimensioni (1mese, 400 spettacoli, 100.000 spettatori, 60 luoghi) ma modesto nel suo *budget*, grazie alla mobilitazione di risorse di volontariato e di una semplicità ricercata di funzionamento; assumendo la propria volontà di privilegiare il teatro testuale e di repertorio, ma intendendo portarlo davanti al maggior numero attraverso rappresentazioni ad accesso libero e in tutti i quartieri della città, in qualsiasi tipo di luogo (luoghi, giardini, palestre, ecc.).

Ben al di là delle divisioni politiche che strutturano l'azione culturale francese, esso dimostra anche che è necessario andare oltre l'evento posizionandosi in tutte le tappe della catena (creazione, con l'installazione, ad esempio, di residenze artistiche permanenti, formazione, integrandovi l'azione di allievi amatoriali o professionali, diffusione, ovviamente, poi mediazione, per esempio verso i pubblici impediti).

Il nuovo teatro popolare è allo stesso tempo scelta di repertori e di messe in scena che danno al pubblico, all'attore e alla recitazione collettiva (la compagnia) tutte le loro possibilità di esistere, e la volontà di implementare una infrastruttura pratica che supporti la creazione, mobiliti la popolazione, dia accesso e ricordi che la città è soprattutto uno spazio di incontri e scambi, più che una semplice giustapposizione di movimenti individuali e materialistici.

Forma cara, benché bandita dalle tendenze contemporanee, a festival che difendono gli stessi valori, la Commedia dell'Arte è tornata in forza sulle scene europee. Anche perché ci si rende conto che è all'origine di mille tecniche teatrali di tutti i repertori, dai più consacrati ai più contemporanei. E perché è l'esempio tipico di una stretta convenzione artistica (i personaggi ricorrenti, i famosi *canovacci* ecc.) che, con l'aiuto di un'immensa semplicità di mezzi la rendono rappresentabile in qualsiasi luogo e per ogni *budget*, si declina all'infinito per dare origine a tutte le improvvisazioni possibili tanto quanto a denunce politiche e sovversive. Poche norme artistiche e semplici, ogni personaggio essendo un archetipo, hanno dato origine a una tale diversificazione di stili e a un'appropriazione da parte di tutti i pubblici, integrati nel cuore dello spettacolo, che assistendo sia a un grande divertimento che a uno specchio acerbo dell'attualità e della condizione umana, sia a un gioco interattivo accessibile a tutte le età che a una creatività continuativamente rinnovata.

Traduzione Nello Costabile

Av. Arequipa 4595
Miraflores, Lima, Perù
www.allianzafrancesa.org.pe

Zani Bergamasco

Capitano, Dottore, Pantalone,
Brighella, Pulcinella, Arlecchino

Postfazione

L'opera di Marco Rota, tornando di colpo al significato delle parole che definiscono la Commedia dell'Arte, interroga anche lo scopo della tradizione; per questa ragione l'autore giunge con competenza alla conclusione che se lo Zanni bergamasco è stato in grado di parlare e rivolgersi ai suoi contemporanei, questo è dovuto al fatto che è tanto locale quanto universale.

Tra l'affermazione d'identità e lo spartiacque di "traghettatore", il linguaggio della Commedia diviene accessibile a tutti gli spettatori, indipendentemente dalla classe sociale o cultura; così si spiega il suo successo oltre la frontiera italiana. È il paradigma del teatro popolare. Ma anche del teatro eminentemente postmoderno, nel momento in cui "l'écriture de plateau" (tecnica che pone la nozione di scrittura, non esclusivamente testuale, al centro del processo creativo e adopera matrici che possono essere coreografiche, plastiche o transdisciplinari) reinventa le risorse dello spazio scenico e le inserisce nel realizzare un'azione attraverso la sua enunciazione e l'uso del corpo dell'interprete. Basata *in primis* sull'attore, la Commedia esige una rigorosa disciplina collettiva, senza dubbio la ragione per cui la sua nascita accompagna quella della *troupe*. Implica anche l'uso sapiente della regia che articola tutti i processi spettacolari.

La Commedia attinge dal patrimonio regionale e nazionale italiano, europeo (a esempio ha ispirato Chéreau), per non dire mondiale. Il nocciolo di questa ispirazione, di ciò che è nato dall'eredità culturale per diffondersi nella coscienza europea e internazionale, fa della Commedia l'archetipo locale più globale, che giustifica il suo riconoscimento di patrimonio dell'umanità. Una forma spettacolare che attraversa la storia culturale: dal clown del circo a Charlot passando per Gordon Craig, Meyerhold, Copeau, Strehler, Chéreau. Nutre ugualmente la pedagogia contemporanea: figure e tecniche un tempo inventate dagli attori itineranti sono ai giorni nostri fondamentali per le scuole d'arte, e le persone di spettacolo riscoprono che l'essenza del loro mestiere risiede in primo luogo nell'artigianato.

La Commedia rappresenta ancor più il modello dello spettacolo vivente, per definizione effimero, complesso e multimodale. Lo spettacolo vivente, nato nell'istante in cui si incontra con la sala, si è a lungo cercato nel corso della sua storia strutture stabili. Lo sviluppo della regia coincide con la sperimentazione di metodi di classificazione e perpetuazione che spesso hanno fallito o si sono arenati. Da questo punto di vista la Commedia incarna un singolare paradosso: aleatoria, nutrita dall'improvvisazione della recitazione, riproduce una struttura che ha il carattere di un prototipo, costituito dal personaggio e dal canovaccio. A tal titolo incarna una tradizione che è stata in grado di trasmettere i suoi prototipi grazie agli spettatori che ne hanno conservato la memoria.

Dunque: come definire la Commedia? Attraverso le tracce diffuse dallo spettatore, altro garante di un teatro popolare.

Queste tracce sono profondamente marcate dall'emergere della corporeità dei commedianti. Alcune serie iconografiche relative alla Commedia dell'Arte – la serie Fossard prodotta da un'osservazione diretta della recitazione – presentano figure di Arlecchino caratterizzate da un identico equilibrio della postura: la colonna vertebrale arcuata, la coerenza della tensione corporea. Altre testimonianze – la serie Callot ricostruita a posteriori, a memoria, dal disegnatore – mostrano Arlecchini più dissimili, dalle contorsioni poco equilibrate, artificiali e scarsamente coerenti. Gli esemplari di due serie sono ugualmente rappresentativi del personaggio della Commedia? Alcuni no; quello che le trascrizioni ricostruite hanno mancato di rendere è l'armonia dell'energia e della dinamica corporea che caratterizzano l'arte della Commedia.

La tipicità degli esemplari dei personaggi trasmessi dalla tradizione, a partire da una collezione della quale si può fare l'inventario ed enumerare le parole del dizionario – Arlecchino, Brighella, Fricaso, Scaramuccia ecc. – dà risalto a una rappresentazione di tratti fondamentali: l'energia, il movimento dei corpi. E l'autore giustamente lo sottolinea.

Riferendosi a recenti scoperte neuroscientifiche, Marco Rota insiste molto sul ruolo della corporeità nello scambio attore-spettatore. È il lavoro sul corpo che crea la specificità e attualità della Commedia: la forma di spettacolo valica le differenze culturali, di comunicazione, fino a colpire il pubblico anche se questo non dispone più di tutte le chiavi storiche. Se l'antropologo crede a torto che tutto sia culturale, la Commedia ci ricorda che a teatro il codice primario è l'intelligenza emozionale e somatica. Il No giapponese o il dialetto siciliano di Emma Dante possono farmi ridere o piangere anche se non possiedo più qui e ora tutti i codici linguistico-culturali evocati dalla rappresentazione. Il dialetto bergamasco mi commuove perché è al servizio del gesto fisico che sono in grado di riconoscere e che unisce una comunità trasmettendo la vivacità di un mito.

Brook paragonava il teatro a una conversazione tra due sconosciuti dovuta a un incontro fortuito in treno, conversazione senza contenuto ma che creata dal legame fa vivere qualcosa dell'ineffabile. Seguendo l'esempio di questa conversazione, la Commedia genererà sempre un legame: il suo rinascere ne è il soggetto.

André Helbo

Ringraziamenti

Il mio primo ringraziamento va ai due grandi attori storici di Bergamo Giovanni Locatelli e Piero Marcellini; loro festeggiano sessant'anni di teatro, ma anche quarantotto di collaborazione con me. E poi al regista Dario Barezzi, che negli ultimi cinque anni ha seguito e documentato costantemente e con dedizione tutta la mia attività di conferenze, laboratori e spettacoli.

Per quanto riguarda il territorio di Bergamo, ringrazio l'amico, già dai tempi universitari, Giulio Mauri per i progetti culturali sul territorio di Bergamo; la Provincia di Bergamo, a cominciare dal Presidente Matteo Rossi, il delegato alla Cultura Alberto Vergalli, il Dr. Gherardi e il Dr. Colacello, nonché l'ufficio stampa che mi hanno offerto concretamente la possibilità di dare visibilità ai miei progetti sul territorio della Provincia di Bergamo.

Ringrazio Teatro Viaggio di Bergamo per la collaborazione alla ricerca della documentazione e alla redazione del libro oltre che per la concessione della riproduzione del marchio registrato in presentazione e a piè di pagina e gli attori della Compagnia: Angelo Cisana, Mario Abbiati, Eleonora Pocaterra, Elisabetta Rota, Valerio Ferrari e Valter Biella; anche con loro svolgiamo, da più di dieci anni, il lavoro comune sulla "Recitazione alla bergamasca".

Ringrazio inoltre Massimo Masserini e Inna Disakaeva per la preziosa collaborazione organizzativa.

E alla fine ringrazio te, caro lettore e compagno di viaggio per questo tratto di percorso compiuto insieme.